U0610482

带上娃去露营

哈蕾 莫水 / 著   A米 / 绘

黑龙江科学技术出版社
HEILONGJIANG SCIENCE AND TECHNOLOGY PRESS

图书在版编目（CIP）数据

带上娃去露营 / 哈蕾，莫水著；A 米绘 . —— 哈尔滨：
黑龙江科学技术出版社，2024. 7 —— ISBN 978-7-5719-2423-2

Ⅰ . G873

中国国家版本馆 CIP 数据核字第 2024GP6066 号

带上娃去露营
DAISHANG WA QU LUYING
哈蕾 莫水 / 著　A 米 / 绘

选题策划	**薛方闻**
责任编辑	**张云艳**
封面设计	**深圳市弘艺文化运营有限公司**
出　　版	**黑龙江科学技术出版社**
	地址：哈尔滨市南岗区公安街 70-2 号
	邮编：150007
	电话：（0451）53642106
	传真：（0451）53642143
	网址：www.lkcbs.cn
发　　行	**全国新华书店**
印　　刷	**天津泰宇印务有限公司**
开　　本	**710mm×1000mm 1/16**
印　　张	**11.25**
字　　数	**200 千字**
版　　次	**2024 年 7 月第 1 版**
印　　次	**2024 年 7 月第 1 次印刷**
书　　号	**ISBN 978-7-5719-2423-2**
定　　价	**78.00 元**

目录

第一篇

DI-YI PIAN

· · · · · · · · · · · · · · · · · ·

亲子露营游记

QINZI LUYING YOUJI

开篇语

妈妈，你知道吗？

屋檐会穿珠引线，比没花眼的奶奶还要麻利；

土壤会喝水，渴了时也会咕噜咕噜地"吞咽"；

干巴巴的松果喝饱了水时会变身成一朵木头花。

很多甲虫宝宝长大需要在土里度过 20 年，甚至 50 年。

爸爸，你也仔细来听。

万物都有声音，一朵花开、一滴雨落，哪怕我的耳朵听不清时，闭上眼睛，心也能听到；

万物都有颜色，哪怕我的 96 色水彩笔也没办法画全大自然的色彩，但我的眼睛看得到。

我甚至和每一种动物都有了共鸣，当我的"庞然大脚"落下时，蚂蚁们如临灭顶之灾，四处逃窜，但勇敢的蜘蛛毫不畏惧地向我喷射丝网。我弯下身，又看到正要起飞的七星瓢虫，像架战机，它一定是去寻求救援了！

天黑时，我变成了弱者。我们躲进帐篷里，听那张狂的风妄想吹翻我们的帐篷。突然，一个黑乎乎的大怪物映在帐篷上，这一定是瓢虫搬来的救兵！我吓得赶紧钻进妈妈的睡袋，她笑着不说话，用棍子戳了戳那个"黑乎乎"——"啊，我在加固地钉！"

原来是爸爸呀！

来场说走就走的露营
——公园露营

公园露营无须过多考虑季节因素，轻便的装备和简单的便当，甚至一张野餐垫就可以拉满仪式感。省时省力的公园露营绝对是身为父母们最爱的露营形式。只要没有极端天气，就可以说走就走！

经常在周五的傍晚，微信群的小伙伴才突然提议"明天公园走一场啊"，面对这种邀约，我们早就不会手忙脚乱到无措了。拉出"极简清单"一通分工，各自认领任务，一两个小时各家便均已搞定，安心休息，等待第二天的玩耍了。

寻春之旅

进入春季的每一天都值得期待，窗外的景色似乎每分每秒都在变化。孩子趴在飘窗上问我："妈妈，小乌龟们都爬出冬眠箱了，家里的琴叶榕怎么还没冒新芽，是春天忘了叫醒它吗？"

我看着楼下随风摇曳着的柳枝都已拱出了黄尖尖，回答："坏了，一定是咱们关了窗，挡住了春风，没办法摇醒它。"他两眼发亮地大喊："妈妈，那咱们出去借春风吧！"

和小朋友约好，我们负责带上速开帐、锅具和午饭，朋友带上水果和桌椅。转了圈楼下的菜市场，发现春笋和香椿已经上市，再来些黄瓜和小葱，切了块酱牛肉，一份饺子皮，明儿的春饼宴齐活了！

多宝也没闲着，我分装食物的时候，他已经收拾好了自己的装备——昆虫采集盒、望远镜和画笔用品，还帮大人们装了两副扑克，"各玩各的，都得尽兴啊！"一句话说得我俩笑弯了腰。

这次我们约在了郊外的一个公园，有大片的树和灌木丛，不知名的野花已经肆意绽放，抢了迎春花的风头，蓝白黄的配色柔化了这份春光。我们在预留的帐篷区安置，树叶还远不够茂密，透过枝条的阳光却也只是一抹温煦，这就是温柔的春天，万物都似初生般怯生生地试探着你。

我们携带的是速开型公园帐，选购时并没有一味地追求轻便，尤其在多风的北方，扎实的帐篷尤为重要。比起金字塔、屋型帐等大型帐篷，速开帐本身已经算得上轻便，搭建更是简单。而为了适合更多场合，提高使用频次，综合考虑过夜和防晒的需求后，我们确定了带涂层、天幕和防水功能的速开型帐篷，这样一个轻便的速开帐也足以应对大多数天气和季节。

我们安置营地的工夫，几个孩子的寻春之旅已经有了小成果，叫喳喳地飞奔回我们身边，"快看！抓到了蚂蚁！是工兵蚁吧！""地狗子！我们挖到了地狗子！""大蜈蚣可太厉害了！真的有数不清的腿啊！牙也数不清啊！"妈妈们被虫盒里的生物吓得踉跄后退，爸爸们哄笑着，也不忘赶快挡在身前。

我早已怕得蹲到了帐篷一角，都忘了攥在手里的风绳，不知何时已被缠在了手腕上。突然，耳边一凉，我的心一下子提到了嗓子眼，忘记了扒拉耳朵，就大喊着跳脚而起。"妈妈，是花！"一双小手飞快地拉扯住了我，"我捡到了槐花！好大一串，像白葡萄！"眼泪汪汪的我，这才想起伸手取下耳边物，几朵乳白的小花无辜地躺在我的掌心。我看看早又跑远的小崽子，哭笑不得。

初春时节，槐花和玉兰花都是点缀蓝天耀眼的存在，仰望着它们高高地挂在枝头，碧蓝的天空甘心做着幕布。艳丽的粉紫色，大片的乳白色，是春天里少见的张扬，暗暗为夏的到来拉开前奏。

午饭的时光是孩子们休息调整的时间，疯跑了一上午的他们，很快就把带来的饺子皮、春饼一扫而光。还好我多备了几张手抓饼，两分钟，抹上辣椒酱，大饼卷一切出锅了！炊具用纸巾先简单擦拭收纳起来，小桌又换上了饮料瓜果登台，我们的桌游时间就到了。

跑累的孩子们有的躲进帐篷听着故事，睡着了。剩下两个体力无限的孩子，也没有再多打扰。小马扎变身小桌子，孩子端出画板，认真地做起了自然笔记，时不时地跑来帮着爸妈摸两把牌……嬉嬉闹闹间，日头西下，催着我们收拾行囊返家了。

来次家庭运动会

在诸多次的公园露营里，还有一种主题是孩子们翘首以盼的——家庭运动会。这有些费爸妈，但的确欢乐多多。找一处有跑道、多平地的公园，带些快餐类的美食……为什么不自己做呢？因为这次真的是一场大体能消耗的露营日！

这种主题的露营，每家都会带帐篷，累趴的我们实在是需要中场休息的安乐窝。餐饮基本都是寿司、面包糕点类。此外，各种水果是必需的，还要有充足的水分补给。需要注意的是，一定要携带小药包哦！活动虽然以趣味项目为主，但也难免磕碰，基础的止血和跌打损伤药品还是要备好的。

这次的公园露营除了运动，孩子们还为自己安排了个零食小卖场活动。为了躲过烈日当头，我们早早到达了公园，选了平坦的湖边作为营地，把树荫位置留给了没有涂层的帐篷。妈妈们铺好地垫，爸爸们组装好小桌子，小家伙们把球、跳绳、沙包等各种小设备收拾妥当，由裁判长宣读比赛规则和体育精神后，家庭运动会便拉开了序幕。

第一个项目　立定跳远

屈膝、甩一甩胳膊、嘿呦……我起跳喽！

哎，我没站稳！屁蹲儿也算成绩哦！

第二个项目 来场赛跑吧

一二！一二！我们注意摆臂哦！

这是场接力赛，头棒是我们，第二棒的妈妈，你加油！爸爸，冲刺交给你啦！

第三个项目 拍球大赛

不要简单地计数，我们可是会运球、传球和过人的！

每次这个环节都会成为爸爸们的秀场，孩子们甚至学会了裁判的判罚手势，不爱打球的孩子们就扮演裁判吧！

第四个项目　水球大战

旁边的低幼组也没闲着，给气球灌上水，穿上我最酷的小雨鞋，给夏天来场人工降雨吧！

"妈妈，别忘了给我多带一身衣服呀！"

第五个项目　小卖部开张了

风风火火的运动结束后，孩子们的小卖部开张了！小老板们各类厨具齐全，角色分工明确，有推销员、收银员，还有小厨师，提供送货入帐服务，相当贴心。而我们当然不能白吃白喝，可以用糖果交换，也可以用"玩具兑换券"，最贵的入帐服务要用动画片交易。天啊！小机灵鬼们，爸妈累断腿也不想兑换这个服务！

我们一起出发

在翻阅众多次露营集锦时，每每都会令我触动、感慨的就是和父母一起的出行，尽管和他们露营的次数屈指可数。

他们这个岁数，总有一份对回归农田生活的渴望，这是属于他们的年代烙印。受身体状况所限，和他们一起的露营活动多数选择公园或成熟的营地。找了很久，寻到一处田野，每逢秋收后就无人管辖，田地里还有着各种被遗落的作物。

我们带上帐篷和挖掘工具，像我童年时他们领上我摘野菜一样，现在，我带着他们奔赴田间。当年弯腰教我辨识植物，如今膝下聆听教诲的换成了他们的小孙孙。

　　我们在这一大片的田地间收获颇丰，在这边半亩地里挖出来的是红薯，换到另一头的三分地就刨出了花生。爸妈是有农作常识的，看着秧子就知道农作物是啥。而对于我和小家伙，这简直就是一场探险，一个锄头下去收获一个惊喜，其乐无穷。

　　上了年纪的父母，劳作一段时间就气喘得厉害，便踱回帐篷里，喝口茶水歇脚。我特意带了充气床垫，两个摞在一起，刚好能当作小桌，还可以舒服地躺下。

　　四面带窗户的帐篷里时不时吹进一阵风，满头大汗的孩子躺在祖父母的怀里，逗嘴嬉闹着。不远处，或是金黄的麦浪，或是收获的田垄，我突然就明白了天伦之乐的幸福。

　　爸妈爱喝茶，我也曾带他们去过一次茶园露营。那算不上正规的营地，是一处保持着原始生态地貌的郊野公园，附近聚集着几处茶园。赶在谷雨时分前往，一眼就看到尽是错落有致的梯田。我们到达时，这里刚下完一场稀疏的小雨，烟雨蒙蒙下是满眼的郁郁葱葱。静谧的林间，你却能感觉到处处都是窃窃耳语般的声音。

　　我们只带了简易的吊床和一席地垫，食物是做好的便当，一个背包就解决了这场日间露营的用品。

　　将吊床绑在树间，我试着先躺了上去，不经意地回头，惊喜地发现坡下一片波光粼粼。云层封锁着的太阳洒出的光，又被茂密枝叶遮挡得只剩几缕，全都斑驳地铺散在这条无名的小溪上，溪水却将这残阳似的光，波动成金色的涟漪，从看不到头的远方一汩汩地翻涌而来，直到铺成眼前这片璀璨的波光。

而在我眼里最美好的，还是在这一片童话般的景色中，那两个赤脚而立的人——我的爸爸和我的孩子。

这幅画面已经过去了好几年，却仍在我的回忆里有着不可替代的美好。最爱你的、你最爱的，他们在一起，一起守护你，也被你守护着。

原来是好奇的小外孙嚷嚷着河底一定是藏了奇珍异宝才会这么美丽，老人也假装无法猜透原因，用《西游记》里湖底住着鱼仙的故事哄着。他们踩着石块观察河底的动态，生怕惊扰了谁似的，俩人只得窃窃私语。

另一边的河岸上，生长着一种参天大树，根系极其发达。在沼泽一样的湿地中，它形态怪异的躯干、高耸入云的枝干、遮天蔽日的叶片，以及那身粗糙却极具质感的树皮，让人不禁猜想会不会真的有树神的存在。它那庞大的延伸交错至地下的根系似乎要将整个公园掌握在手中。孩子突然问我："它会不会就是这里的主人？靠它的根掌控着这里，能感受到所有的动植物。"我没有办法给他一个标准的科学答案，便回答他："也许这里是个王国。"我们一起遐想起另一个世界。

在无所事事的假期，我也会为他们策划一场全家运动会。不同于和朋友、和父母一起时，我会安排躲沙包、跳皮筋儿、踢毽子这类游戏。之所以选择这些复古的项目，是因为我不希望父母觉得自己老了，无用了。近两年，我还教会了他们玩飞盘，因为我发现他们开始害怕被这个时代抛下。

与父母一起的露营，一点都不枯燥，更不会麻烦。他们比我们这代人更有耐心、更细致，自己动手丰衣足食的强大执行力，使我的露营准备工作轻松无比。从餐饮到收拾营地，父母在，就是万无一失的保障！而对小外孙的爱，更是让每次露营都值得回味，他们是最投入、最称职的演员。他们可以是神奇的动植物学家，认识田间每一种作物，每一个动物路过都有着趣闻妙事；他们可以是孩子希望的每一种身份——战士、怪兽……

宿在＂故都的秋天＂里

妈妈，萤火虫尾巴的光会变色吗？夜晚才跑出来的昆虫，是不是和白天的我一样在玩耍？

妈妈，你说树叶上的纹理像血管，我们叫它毛细现象。可我看这明明就是叶子的掌纹。

妈妈，你说云彩飘起来无声无息，会不会是因为离我们太远了，我们听不到，它们其实也是嘻嘻哈哈地追跑打闹呢？

妈妈，我们人类听不到、看不到的，就能说是"不存在"吗？

每每我被小家伙追问到哑口无言时，就会想起在哪本书里看到过的话：去感受，放下人类的狂妄去谦卑地触摸、聆听自然，直至对它有了爱和敬畏。

带他去体验了一次和昆虫的近距离接触，为了更好地融入这堂"自然教育"课，我们提前预订了过夜的营地。已至深秋的北方，山里夜间的温度已至0℃，风也较大。于是，我们决定带上屋型帐和羽绒睡袋，准备好四大两小、两天一夜的口粮，体验了一次搬家式的家庭露营。

到达营地后，快速布置住宿区。屋型帐看似复杂，其实搭建方法很简单，只不过碍于自重较大，力气小的人独立搭建有些吃力。但论舒适程度和抵抗极端天气的性能，屋型帐当仁不让。

服装方面，内穿紧身保暖衣，外套冲锋衣和裤子，抗风保暖的同时，也能防虫叮咬。

营地附近有灌木丛和矮山，为了安全起见，我们还准备了农用驱虫棒和驱蛇粉，趁孩子们夜间探险时，提前点燃再熄灭即可。

　　大人在搭建营地时，孩子们也没闲着，不是帮着搭帐篷，就是准备自己的探险包：昆虫捕捉器、探照灯、放大镜，迫不及待地开展接下来的活动。

　　营地几位主理人将自己的形象打造得既有童趣又幽默，和孩子们毫无距离感。丰富的营地活动安排知识点满满，趣味非常。稍大些的孩子完全能够独立参与其中。计划安排给我们这些大人腾出了自娱自乐的时间，出人意料的是，神奇的昆虫世界吸引的对象并不分年龄。

日场的活动安排得紧凑丰富，知识问答、与昆虫近距离接触，寓教于乐的形式，开场的大海龟直接点燃了全场小朋友的热情。

耐受自身重量 850 倍的甲虫应该可以秒杀所有人类的大力士，观看一场独角仙们的狭路相逢，去枯枝上寻找隐身大师们……这个世界原来有那么多微小却神奇的存在。

书中告诉我们要远离毒蝎、蛇是可怕的……这些注意事项保护我们人类的安全，也让我们对大自然造物的巧思知之甚少。所以，这样一场由专业老师们带领的"亲密接触"是多么珍贵！孩子们开心，大人们也是惊叹连连。

孩子们跟着馆长们乐此不疲地开阔眼界，一路开车至此的我们也终于可以休息了。支开桌子，摆上茶具，喝口茶。过夜的露营，茶具或咖啡壶是必不可少的，轻巧的折叠款也占不了多大地方，带来的松弛享受感却是满满当当。

往日里轻盈蓬松的云，是不是只有在北国的秋才会这般的气势长虹？悠哉地躺在摇椅上，脑中不停浮现的都是郁达夫对故都秋的赞美之词。这里也有秋蝉衰弱的残声，西山的虫鸣传到了这里，半山坡的果树算不上硕果累累，想来是少人打理。枝头红艳艳的野果子倒是丰收的景象，可认知匮乏的我不敢随便品尝。

一晃就到了夜晚，提前看了八百遍活动表的孩子，晚饭后早就摩拳擦掌准备夜间探险了。头灯解放了双手，很方便，还不容易被孩子随手弄丢。我们大人拎了个夜间探照灯，一路随行。

　　夜间的活动有林间探险和篝火晚会。大人孩子们一副夜行者的打扮，在这个半山坡的营地寻找着同是夜行者的生物们。

　　用心的营地主理人组织了弘扬民俗文化主题的"打铁花"篝火晚会。这项连在场的大人都是头一次听说的活动，竟是国家级非物质文化遗产之一。打铁花最早始于北宋，鼎盛于明清，流传于豫晋地区，初源于工匠们的祭祀活动，后来人们利用"花"与"发"的谐音，取"打花打花，越打越发"之意，讨个事业发达兴旺的彩头。

　　结束了一天的活动，我端上一早就焖好的粥，煮一碗热腾腾的汤粉，寒气延散的林间有了家的烟火气。

　　没了孩子们的喧闹，夜间的营地也并未消停下来。躺在帐篷里，听到"咕噜噜，呼噜噜"的声音，我们猜想着可能是猫头鹰吧！不时有展翅划过树叶的声音，是蝙蝠吗？屏住呼吸，又听到帐篷的边角被什么东西不停地摩擦着。比起胆小的我，孩子好奇得厉害："妈妈，是我们白天抓过的螳螂吧？都已经放它回家了，这是没玩够？""也许是人家叫上'爸妈'过来找你报仇了！"孩子爸爸故作紧张兮兮地说道。这么一调侃，我们三个哈哈笑作一团。

　　"妈妈，还是你的怀里最暖和。"

　　"那我贴紧你的睡袋。"

　　在林间窸窸窣窣的伴奏间，我们睡着了。

向南出发——榕树园露营记

冬天的榕树园之旅应该会成为多宝回忆里的一颗"金色珠子"。参天的古榕树下有我们掩埋的枯叶，密林中听不懂的鸟语叽叽喳喳议论着我们这些不速之客。攀上那棵粗壮的、盘旋入云的榕树后看到的景色，只有他自己知道。更别提无意间发现树屋的惊喜，甚至让我这个成年人也幻想一场真正的探险。

寒冬抵达北方时，望着秃枝荒山的我们突发奇想，学习候鸟向南方追逐暖阳。

这次异地露营整理行李反倒简单了不少。考虑保鲜，吃喝的东西到目的地再买。为了轻量化出行，我们选择在当地租赁帐篷。但多宝不肯放弃"仪式感"，坚持背上了自己的专属帐。

异地露营特别需要注意的就是药品。衣物和吃喝的短缺都可以在当地补给，但一些过敏药等特效药品必须提前备好。就像多宝是过敏体质，我们会把过敏类药物分类预备好，比如预防蚊虫叮咬类、肠胃过敏类、呼吸系统类，以及发生过敏后的口服及外用类药物。

在准备药物时，我通常会带着他一起整理。帮助他熟悉每种药品的作用及对应症状和一些常见疾病的认知和应对，这不仅是对自己的保护，也会帮助到别人应急。

尽管已是寒冬时节，榕树园营地虽称不上郁郁葱葱，但对比北方，这里的景色绝对是一片绿意盎然。多宝之前在广东露营对榕树有了初步的认识。策划这一趟榕树园之旅时，他就主动申请担任"向导"角色，负责探索营区环境；爸爸担任"总工"，负责营地搭建；而我负责餐饮和物资保障。分工结束后，我们拟办了任务单。

榕树园露营主线任务

1. 寻找榕树王
2. 学习生篝火

向导任务卡

1. 规划露营活动时间
2. 找寻和采集篝火燃料
3. 结交露营新伙伴

到达营地，我们将物资运往帐区后，便开始了搭建布置工作。考虑远途亲子露营，我们尽量轻量化，只带了锅具、炊具，简餐食物，药品和充气床。事实证明，如果不过夜，这些足够用了！

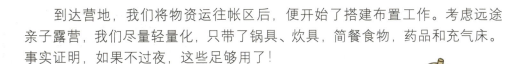

第一步　搭建帐篷

每一次露营的帐篷搭建工作都是爷俩配合完成的，爸爸总是要强调这是露营中比较需要力气和智慧的一个任务，是证明男子汉的时刻。小家伙也被忽悠得乐此不疲，搭帐篷前确定水源区域、检测风向、决定天幕朝向、地钉向内倾斜等，这些基本小常识，在一遍遍的实操后，他也逐渐熟稔。

第二步　规划露营活动

整理好睡眠系统，我们就开始了榕树园的探险活动。多宝一直记着主线任务——寻找榕树王，在偌大的榕树园里，比较着哪一棵更为粗壮。

我问他："多宝向导，我们该怎么确定榕树王呢？"——引导孩子分配工作。

多宝说："要注意三点：一是看树干的粗度，老树的树干粗壮；二是看树的根系，越老的树根盘越错综复杂，露在地面上的根又长又乱；三是看树的高度，老树树龄长，一定是最高的那棵。"

爸爸总结：寻找最粗、最高、根系最发达的榕树王。

第三步　开始探险

多宝带上望远镜，我背上水具，出发！

营区并不太大，但原生态保护得很好。茂密的榕树因为年岁已长，上方的树冠已经隐隐相缠，相信夏天的时候，这里一定是遮天的绿荫，乘凉的好去处。有了榕树基础知识打底，"向导"多宝给我们又介绍了起来。

"我们观察动植物要有顺序。比如从远处看，你们看到了什么？我看到了无数把无敌顶天大伞，它们连成了一片防护罩，保护营地；离近了看，原来是缠绕枝干的榕树。我们再从外部观察，它从根上就分了枝干，但不像细细的枝条，它们粗壮有力地拧在一起，像麻花。咱们再低头看，是什么趴在了地上？这些像胡须一样的根条，在干涸的季节会爬出地面，像触角一样在空气中寻找水源。再细看它的内部构造是中空的，很奇特吧！"

听着小向导絮絮叨叨的介绍，我心里无比欣慰。露营给了他打开眼界的机会，练就了一双善于发现美的眼睛；而于我们父母，最珍贵的是看到了他一步步成长的样子。

在探索营区时，我们发现了超大的床式秋千和网袋做的吊床。这引发了多宝对家里废旧的窗帘进行改造的想法。

探索到边界时，多宝在他的望远镜里发现远处有一个树屋，激动地招呼我们。走近一看，这就是无数动画片里令人向往的"探险根据地"。踩着嘎吱作响的竹梯，攀上树屋。多宝不费力地登了上去，然后招呼着爸爸。爷俩拿着望远镜，像哨兵一样巡逻四方。在尽收眼底的营区里，发现了不远处的湖泊，发现了新的露营客们，也终于比较出了最高壮的榕树王。

第四步 优化营区建设

太阳渐落，小向导招呼我们返回营区准备拾柴生火。没找到合适的篝火炉，我们在营地发现了一口废弃的铁锅。作为后勤保障组的我，趁机搜索了营火的基本常识和安全注意事项。拾柴、搭柴、引火，整个过程充分体现了团结协作的重要性。

将拾到的燃料按篝火炉尺寸劈短，再按燃烧难易度进行分类。

枯叶和干枯细枝条作为易燃的材料，粗些的枝条供持久燃烧，捡到的瓦片作为挡风板，搭建的柴堆保持稳定的同时，还要注意通风，提供足够的氧气助燃。

在这期间，我们偶遇了这次露营最难忘的体验——搭建广西土灶。

隔壁帐区的露营客是祖孙三代的家庭式露营，感谢他们的热情好客，从挑选黄泥块、搬运、垒建、倒塌、重建，到生炉火、品美食、清理炉灶，让我们有幸参与了一次真正的手工土灶搭建。每一次土灶的坍塌，伴随着大家的唏嘘和大笑，乐观的大哥一次次鼓励着孩子们重新来过，已古稀之年的爷爷认真地给我们分析着失败的原因。

爷爷一直在旁边做指导："第一层石头形状要方正和平稳，万丈高楼的地基就是这样。""内心要有搭建城堡一样的宏图，心急就不稳。""每个人都要添砖加瓦哦！""堆叠石头只留小缝隙，尽可能不漏风，这样才能保证食物熟得快。"……全家人一起努力的感觉真好，孩子们更是收获了一份珍贵的友情。

　　太阳渐落时，我们开始筹备美食。主食是自制烤肉三明治、土灶出炉的烤地瓜和鸡翅，还有小番茄做的蘑菇热汤面。

　　夜幕降临后的榕树园，斑驳光影和树影交织，我们守着一炉篝火，排坐在一节枯树干上聊着天，等待着甜美的睡意来袭……

本次露营技能小手册
——我学会露营用火啦

1. 遵守有关野外用火的国家法规和营区规定。

2. 注意用火安全。小朋友不可以私自玩火，必须有家长看管。

3. 观察风向。注意与帐篷的安全距离。

4. 燃烧三要素：足够的氧气、可燃物（燃料）、足够的温度。

5. 燃料的分类：易燃物，用于引火，比如细树枝、枯叶、松果；耐燃物，产生持久的火焰，比如干燥的木材等。

6. 搭建火堆。保证稳定不倒塌，保证通风进氧气。

7. 生火方法。就地取材趣多多，钻木取火最费力，放大镜需要太阳帮帮忙，火柴火机与火石，镁棒酒精要小心。

8. 确保完全灭火。彻底灭火后，方可离开营地，比如用沙土掩埋法。

做回林间的小孩

自然是什么？一座真正的博物馆，一个没有边界的课堂，一本不设阅读权限的书。它教授什么？它教我们重新出生，重新看世界。给我和孩子们重新装上一对眼睛和耳朵，听得懂动物的语言，看得清花朵的衣裳。

读过《林间最后的小孩》后，我对自然教育有了新的认识。往往那些提前准备的素材、想要引导孩子的主观观点的驱动型教育，最后都收效甚微。而游历自然，这种看似无目标性的活动，让他们自主获得的却远大于预期，也是意料之外的。

我们空手而至，自然教我们用日光着色，用清风装点，体验一场自然美学教育。在帐篷中醒来的清晨，我们甚至听得到花开，等待着一颗露珠滑落。目及之处都是乐园，大树助我望远，河流不是阻拦，它是桥梁，载着我们在未知和现实之间切换。自然用它的法则教会我们生存，让我们见识真正摧枯拉朽的神力。

　　森林有一种神奇的疗愈力，绿意盎然的生机感让我们总能找到内心的平衡。带着低龄孩子们的森系露营，不用过分追求仪式感或者过夜。我们一般会早起出发，选择当日往返或就近民宿的方式。因为攀登、徒步等日间活动对体能的消耗较大，低龄的孩子们的体力已不足以再支撑他们去体验过夜露营的乐趣。与其将就，不如玩痛快了就休息得舒适更自在些，毕竟亲子露营最容易让人焦虑的就是疲惫和繁琐。

　　回想几次森系露营，体验感最好的就是选择把"水陆结合"的营地作为目的地，要一种翻山越岭、山穷水尽后"柳暗花明又一村"的获得感。

　　提前一天检查车况，加油、充电。第二天起个大早，再检查下遮阳防晒、蚊虫叮咬类、跌打损伤类的物品，就可以出发了！

装备

　　放大镜、捕虫网、捞鱼网、昆虫采集盒、百科识别类 APP、登山杖、望远镜、炫酷头巾。

特殊行囊

　　防晒霜、驱蚊药、止痒药、跌打损伤药。

其中有一次的露营是要赶在烈日当头前完成林间徒步部分，在山腰的露营草场休整后，再前往山下的湖畔区营地进晚餐。

那次的徒步部分有陡峭山地，也有规整的林间台阶，所以给孩子们减少了负重。为了减轻大人的行进负担，我们决定午间在山腰营地休整，几家共用一顶速开帐。餐饮以便当盒简餐为主，主要携带足够的饮水和应急药品，分摊好各自身上的行囊，我们便出发了。

孩子们给自己安排了科学考察的任务，包括寻找巨型蚂蚁和制造彩虹，携带了水枪、望远镜、放大镜。孩子们的穿着准备了两套，一套轻便，兼顾防晒、防蚊虫和涉水性，另一套用于山下休闲，偏厚，以防温差变化。

适逢白露时节，清晨清爽微凉，午间"秋老虎"曝晒，日落时分则有些许寒凉。穿行在密林中的我们，变换着行头，像一场变装秀。

孩子们不放过每一洼、每一汪，甚至每一个水池。他们试验着，试图找出到底是哪一块水域才能孕育彩虹。他们自认为寻找的该是一个魔法池，描绘得绘声绘色。

"肯定是五颜六色！和彩虹的颜色一样啊！"

"不对！至少是'色彩斑斓'的才对！五颜六色太少了！"

"那也不一定啊，黑色最神秘，它可以藏住所有颜色！"

他们处在不同的年纪，受着不同阶段的教育，站在各自"文化认知"的平台，颇有见解地直抒己见，直到试验了无数次。

"妈妈！是因为阳光啊！我们发现了！真正的魔法师是光！"

是的，我们并没有在出行前为他们科普彩虹的形成原理。因为想要他们拥有这些过程，就像真正的科学家一样，是他们发明的"彩虹"，就像第一次发现苹果掉落的秘密那样。这大把的时光让他们"挥霍"在探索里，不丢失"发现""观察""归纳"这些乐趣。

我们饶有兴趣地追问："怎么确定的是光呢？"

"开始，我们以为是水或者池塘大小的问题，可我们试了脏的、漂着叶子的、流淌下来的、静止的，有的行，有的不行。我们记住可以出小彩虹的水池样子，又试了几个却不行了！"

"结果，我们发现晒脸、睁不开眼睛的时候，却能出彩虹！"

破解了彩虹之谜的他们，信心满满地筹备下一项考察内容——巨型蚂蚁。这个想法源于之前他们看过的关于丛林探险队的纪录片。

那次考察从林间一直持续到傍晚的营地休憩时，尽管最终也没有捕获巨型蚂蚁，但瓢虫、蟋蟀、蜈蚣、蜘蛛等，倒是收获不少。

收获

1. 你知道了任何一场冒险都不是简单的"即刻出发"，需要做功课，需要筹备物资。

2. 你开始习惯关注天气预报，喜欢上看地理杂志，好奇这地球上角落里的风景。

3. 你学会了做日晷，学会了看星辰，学着从动物、植物身上找生活的奥秘，开始试着不全部依赖现代化电子设备生活。

4. 你的视觉、听觉、嗅觉、味觉和触觉得到了更广泛的运用，因为它们变得敏锐，进而让你开始对万物也变得兴趣盎然。

5. 因为你独特的经历和见识，使你在朋友圈里有了更大话语权，小朋友们渴望与你组成小战队一起探索自然，你也开始有了做指挥官的机会。

6. 超强的获得感使你对下次露营有了更大的期待，你锻炼自己运用敏锐的感觉去感知身边的一切，很容易发现身边事物的独特之处，比别人更容易注意到细小之处，善于发现和总结归纳。

图个快乐，乐在"徒"中

这不是一个日记，更像是一个总结，看看这一年多来带孩子徒步和露营有什么收获，未来我们应该怎么玩。

从女儿4岁起，我就开始带她去山里徒步，除了希望她能够更加坚韧和健康以外，其实是有些私心的，那就是希望她也能喜欢这样的活动，把我的爱好也培养成她的爱好，这样带孩子就没那么"痛苦"了。

功夫不负"有心人"，几次徒步以后，孩子真的喜欢上了这项活动。现在经常会问我：爸爸，下周去爬山吗？

出发前做什么准备

装备带的齐全一些，心里更有底气。

带孩子徒步和露营，装备上尤其复杂，因为要应对更多的复杂情况。山里的温度比较低，运动时候又容易出汗，所以要随时调整衣服的厚度，贴身要穿速干类衣物，也要带上备用保暖衣服。考虑极限情况的话，还要带好医疗包、应急毯、头灯等物品。

给孩子带上她的专属装备

孩子的背负能力虽然弱，但是考虑到让她能有更多的参与感，每次出发我都给她背上一个水袋，一方面她能自己控制喝水频次，另一方面确实让我省了不少事，不用每20分钟就要给她拿水了。给她买登山杖时，选一个她喜欢的颜色，以此提高她的兴趣度，让她慢慢学会使用登山杖，减少膝盖的压力。

如何选择徒步路线

对于小朋友来说，一定要先从简单路线开始。可以选一些公园玩耍作为测试，去比较好玩的地方溜达，计算一下一天的总路程，看看孩子的体力到底能让他/她走多远。当他/她已经能走十多公里而且晚上精神状态还特别好的时候，就可以加入徒步了。

徒步的线路也是由简单到困难。虽然说简单但也不能单调，自然环境要好。例如，主要路线在一条峡谷里，孩子要反反复复地穿越谷底的一条小溪；或者有很多不那么危险但又有点刺激的大石头要爬。让孩子在追蝴蝶、捞小鱼、爬大石头的过程中，不知不觉完成这一次徒步。

然后就是要调动孩子的自驱力。如果孩子能够接受之前你给安排的那些路线，那我们就再鼓励他/她参加后面的活动。你可以告诉孩子他/她很棒，夸一夸他/她在山里的勇敢表现；帮他/她回忆一下上次徒步中遇到的有趣的事情。然后鼓励他/她参加更难一点的徒步活动，比如徒步10公里，300～500米爬升，这个距离5岁以上的小朋友一般都可以接受。

如何选择营地

对于亲子露营的最初始阶段，我认为选择成熟的营地会比较好，可以拎包入住，也可以搬家式露营，把自己家的装备都带过来。我们喜欢徒步，第一次露营选择了一个离徒步终点比较近的营地，直接山地徒步＋露营。

这里有个小提示，卫生间对亲子露营来说是比较重要的设施，有干净的卫生间和淋浴装置会大大提升幸福感。露营中有很多好玩儿的工作可以让孩子们参与，不愁他们无事可做，但是营地组织方如果能够给孩子安排一些科普类或游戏类的活动就更好了。

如何鼓励孩子前行

对于小朋友来说，他们的体力一般情况下是可以的，困扰他们的是路程的无聊感。例如，有一段路是水泥路，小朋友可能就觉得非常单调没意思，就不想走，耍赖皮。这个时候，家长可以分析一下，如果孩子是真的累，那没办法，该背就得背；如果发现孩子只是想耍赖皮，我们可以采取一些玩游戏的方法鼓励他继续往前走。

玩石头剪刀布，赢了的可以走十步，输了的只能走五步；

和其他小朋友一起去追蝴蝶，一起比赛；

玩钓鱼的游戏，爸爸妈妈手里拿着一些好吃的当作鱼饵，然后假装孩子是一条大鱼，大鱼要追着鱼饵跑。

总之，游戏的方式会大大提高孩子前行的积极性。孩子对坚持就是胜利这种说法其实是不怎么理解的，他们最纯真的地方在于不太会控制自己的情绪。

在旅途中，如何与孩子开展对话

有一次徒步，一天遇到了三场雨，雨不是特别大，但是乌云密布，电闪雷鸣，才到中午，丛林里已经像是快天黑了一样，我们的衣服也被淋湿了一半。

"爸爸，为什么下雨你还要带我来徒步？"女儿埋怨我。

我很理性地告诉她："天气预报显示多云，是山里的小环境下雨了。而且这个下雨是不是很有意思？平时你都没有淋雨的机会。"她听了之后也觉得淋雨很有意思。

这时候朋友给她女儿的解释让我很有感触。她说："雨滴落在树叶上是森林在唱歌，这个童话世界有了歌声，是不是变得更美妙了？"

孩子回答："是呀，我好喜欢听森林的歌声。"

对于孩子提出的问题，我们的回答可以很感性，也可以很理性，但一定要有耐心。

孩子会给我们带来哪些惊喜

新的场景能让我们看到孩子不同于日常生活中的表现。平时在家，我们是看不到孩子的社交能力的，在亲子徒步或者露营时，与其他小朋友的沟通和玩耍，可能都会让我们大吃一惊。

　　女儿在一次徒步过程中认识了一个小姐姐，两个小朋友开心地走了一路，一起唱着歌，一起玩着小孩子们的游戏。回去的大巴车上两人还坐在了一起，聊着聊着还互相出起了算术题，互相考起了英语。这个时候我才发现，原来我家女儿知道这么多。

　　女儿的胆子变大了。从看到马陆虫吓得直哭，到一年后开始敢于尝试去摸一下了。

　　在旅途中会考虑别人的处境，愿意帮助别人。我会把医疗包放到她的小背包里，告诉她如果有人受伤，你可以变成小医生，给别人用碘伏。有树枝挡路时，她会主动帮我拉着树枝让我过去。

　　身体协调能力变强，体力变好。爬上跳下比较灵活，会用保护自己的方式爬下大石头，自己无法克服的困难会及时喊我帮忙。

　　未来希望能和女儿走过更多的名山大川，当然了，如果她愿意的话。

第二篇

DI-ER PIAN

适合带上娃的露营类型

SHIHE DAISHANGWA DE LUYING LEIXING

开篇语

由于种种原因，现今社会已不可能实现从前的"冒险行动"。树屋是火灾隐患，登高有坠亡的危险，河塘是溺亡的头号杀手，所以钓鱼在游乐场二十元摊位上实现，我们攀爬的能力在室内墙壁绳索上得到锻炼，孩子们的活动范围、种类都在快速城市化的过程中遭受挤压。《林间最后的小孩》一书中提到"勾兑的自然""自然的商业化"，即"借助复制或仿造，将自然用作销售噱头或营销策略的商业潮流的蔓延"。

这在现今社会也早已屡见不鲜，丛林布景的游乐场，透明玻璃橱窗后的潺潺溪水，我们在商场里就可以实现淘矿石、种盆景绿植、在仿造的洞穴中和搭建的高树上探险，雨林咖啡馆你一定不陌生，登上屋内的船只，可以假装在河湖间品鉴美食。而这一切略显多余的"包装"只是为了伪装与自然的亲近。

我们在博物馆指着标本教育孩子们敬畏生命，可找不到机会让他们触碰那些鲜活的生命，我们教他们在地图上认识这个星球甚至宇宙，却挤不出时间让他们用眼睛去寻找神话中的似海星辰，用手、脚去感触穿越千万年时光的不同地质，用鼻子去分辨人间烟火外的万物百息，用耳朵去聆听何为无声悦耳，何为潺潺呼啸。

我们不敢推荐带孩子深入丛林探险，不敢提议利用峡谷、大海、山川等非人为开发的天然场所学习生存，明明是被自然庇佑的我们，却让自己的后代放弃了跟随它学习生存的机会，甚至教导着要惧怕它、疏远它。

当然，大自然是"不完美"的，有泥土和灰尘，有细菌和灾害，亲近它带给我们无可匹敌的愉悦感，有时也会带给我们鼻青脸肿。曾经，我们提及自然，想到的是温暖的阳光、盛开的百花、翻滚的浪花，用鬼斧神工来形容它的伟大。后来我们教导孩子，外面的世界有狂风、暴雨，森林多数是幽暗的，地球的内芯是炽热的熔岩，发怒的星球可以毁灭恐龙，海啸会吞噬生灵。人类，在这片立足之地上，一边疯狂渴求着风雨恩施，一边又想尽办法毁灭和逾越这层关联。

一步步去丈量江河已经像是夸张的修辞手法，可这也正是我们蹒跚着认识这颗星球的第一步。先进的仪器已经可以为地球的三围提供精准的数字，甚至掌握了它的气息脉动。而我们最初和这个地球的万物都是友好睦邻而已，算不上谁主宰谁，不过是运气好的我们似乎发现了更高的"智慧文明"，利用一切手段开始窥探其中奥秘，数字化的星球好像逐步被人类征服，可是只知皮毛却又似乎"无所不知"的我们是不是已经弄丢了敬畏？

公园、营地露营

我们来介绍几种比较有代表性的亲子露营形式。

去露营前可以思考几个问题：

1. 想看什么景色？是看层峦叠嶂还是玩水纳凉？

2. 徒步还是自驾？

3. 家里的露营装备都有哪些？

4. 要不要露营现场烹饪？

这几个问题都想好了，那么去哪里露营就明晰了。

如果要安排一场说走就走的露营，营地露营或者公园露营是比较适合的，露营新手不用有压力，也不用担心因装备准备不足而窘迫，因为营地附近都可以买到或者租到。露营的目的就是走出室内，走进大自然，给孩子一个在阳光下快乐奔跑的环境，找个可以露营的公园就能最快实现这个目的。

公园和营地露营，一般都有比较成熟的场地，不需要担心没有生活用水或者卫生间，也不用担心有野兽出没。对于刚开始尝试亲子露营的家庭，建议先从这种难度低一点的开始。可以找一个露营公园搭上帐篷去野餐，也可以考虑带着自己漂亮、出片的露营装备，找一个"网红"露营地来一场轻奢露营，甚至可以去一家"万事俱备只欠缴费"的拎包入住管家式露营地，这些都是很好的选择。

露营界有个鄙视链：扎帐篷但不过夜 < 拎包入住 < 轻奢露营 < 徒步野营。这几类露营我都试过，我是不太同意这个鄙视链的，都是为了玩儿，没有看不起其他类型的必要。露营是浪漫的冒险，只要提前筹划好，都能通过这个活动和家人建立更为亲密的关系。

对孩子来说，露营很简单，他们不需要拍漂亮的照片，不需要比拼装备的花哨，哪怕是在公园里搭建一个简单的帐篷，甚至是只铺个垫子，然后随便吃一些面包、饼干，就能兴奋到前一天晚上不想睡觉。

野餐是露营的最简配版，如果实在没时间去露营，野餐也行，走出室内就是胜利。

适合的活动或者游戏

露营时，大运动量类的游戏都是孩子们喜欢的，出来露营的孩子很难不疯跑，可以带上一个飞盘或是一个足球作为催化剂，让"疯跑"来得更猛烈一些。

泡泡机

泡泡机是草坪游戏装备中的王者，给孩子带一个泡泡机，他／她绝对是这个露营地或这片草坪"最靓的仔"。大朋友小朋友都会围着追泡泡，很快整个露营地都会洋溢着孩子们"咯咯"的笑声。

篝火晚会

目前，在部分条件允许的露营地还能够生火，有意思的篝火晚会将会是一次难忘的经历。你能回想起你参加过的篝火晚会吗？反正我参加过几次，感觉永远不会忘记。还有些营地有打铁花、放烟火等表演，伴随着音乐一起唱啊跳啊，再配上烧烤和啤酒，大人和孩子都会嗨起来。

需要注意的是：跟火有关的活动，安全第一。

制作标本

父母和孩子一起寻找喜欢的花瓣、树叶，由父母来讲一讲这些植物的名字、特征（如果家长也不认识，可以用识别类 APP），然后制作成简易标本。

装备和衣物的注意事项

公园和露营地的路面一般都还不错，如果准备一个露营车就可以方便携带一些大件，相比山地露营来说，可以选择一些舒适性更强的装备了。这样我们的露营活动就能更从容一些，也可以叫"精致露营"或"轻奢露营"，比如带个活动空间更大的帐篷，带上煎炒烹炸的厨具等。

可以拍几张漂亮的照片，让朋友们羡慕一把。除拍照时间外，在营地最好穿长衣长裤，野外蚊虫多，防止叮咬。

必需品

帐篷

帐篷的选择标准，总的来说就是喜欢就好，一室一厅的、金字塔帐篷或是其他款都可以。一般情况下，公园露营用的帐篷相对简约，用一些快开帐篷或者小一点的都可以，但是要注意这个帐篷是否防水，是否能过夜。有些帐篷非常简单，仅能用来野餐，睡在这样的帐篷里，早上会被露水打湿睡袋，非常不舒服。

睡眠系统

因为有了露营车，睡眠系统可以根据个人需求稍微奢侈一点，比如，可以选择充气床垫，也可以选择行军床。睡袋要看温标，根据最低气温来选择合适的睡袋。需要注意的是，即使睡袋薄，冷的时候也不能穿着棉衣钻进睡袋，这样睡袋的保温作用会大大降低。正确的做法是穿着贴身衣服钻进睡袋，然后把棉衣盖在睡袋上面。

食物和水

公园和露营地一般都能够补给水，所以对携带水的要求不那么高。食物方面可以发挥想象力，无论是牛排、大虾还是火锅、冬阴功汤，抑或现场包饺子，只要你的炉具、炊具能烹饪，都可以把食材带上。

鞋

鞋一定选择运动类型的，露营过程中到处走一走或者参与运动类游戏会比较方便，也可以应对各种突发状况。

衣服

好看 + 便捷，可以拍美丽的照片，也可以爬沟过坎。关注亲子露营中的社交属性，男同胞们练好拍照技术，给女孩们拍出各种风格的照片。

睡袋

选择温标合适的睡袋，羽绒的会更轻一点，棉质睡袋的防潮性会更好，在潮湿环境下更保暖。

炉具和炊具

大部分露营地都可以用卡式炉，提前和营地沟通好能不能用明火，能不能直接生火，根据这些情况选择带哪些炊具。记得带挡风板，否则风大的时候，火的热量都被吹散了，水可能都烧不开。

此外，还需要准备一些紧急用品和药物，比如碘伏、花露水、哨子、头灯、手电筒、防潮袋、充电宝、驱虫液、驱蛇粉等。

通用必需品		公园、营地露营的特殊用品	
睡袋、防潮垫	可以选择更舒适的睡眠系统	炉具和炊具	好用、好看的，记得带挡风板
衣服	运动+美丽	灯带、彩旗、挂毯	装饰作用，为了拍照
食物和水	容易补充，够用即可	快手菜半成品	方便在营地烹饪
应急救援品	医疗包	天幕	可以用天幕搭建一个活动区域
灯、手电筒	先保证照明	折叠桌椅	惬意生活必备
充电宝	如果帐篷没有电源，充电宝很重要	收纳箱	装零碎装备
驱虫、驱蛇药	防蚊虫	露营车	运送大件，搬家式露营的"大功臣"
玩具	球、飞盘、沙包等	防晒用品	帽子、防晒霜、冰袖等
清洁用品	纸巾、垃圾袋、洗漱包等		

你将收获

 与娃共同成长，增进亲子关系

　　对大人们来说，露营中会遇到各种各样的与平日工作生活不一样的情况，对娃更是如此。你可能还不会系帐篷上的风绳，那正好跟孩子们一起学习；你可能对怎样使用地钉不太明白，正好可以叫上孩子一起研究，学一学什么是摩擦力，怎样增加摩擦力。

　　搭建帐篷是所有小孩子都很乐意去做的事情，父母要运用好孩子对这些事的好奇心，让孩子参与到打地钉、搭帐篷的整个过程中，劳动中的成长是最快速的。

　　大人们准备食材或者烹饪的过程也可以让小朋友参与进来，一起试试用篝火的热灰烤几个红薯，或者让孩子们也做一道菜去和别人分享。

享受精致露营，满足社交需求

亲子露营不完全是为了孩子，在亲近山野的同时，露营还带有社交属性。约上几个好友家庭，来一场精致露营（也叫轻奢露营）。爸爸们可以天南海北地聊聊天，甚至可以在搭建营地的过程中来谈一下未来生意上有没有什么合作点。妈妈们可以做几个快手菜，拍一拍高颜值的露营装备和美食，感受一下岁月静好。能聚会、能晒娃、能在朋友圈比拼照片，多赢的局面，why not？

大运动项目多，保护孩子视力

对当前大部分孩子来说，户外大运动的时长是不够的，不仅身体素质可能不达标，眼睛也没有得到充分的休息。露营可以把小朋友们从屋里拉出来，从电子产品前面解放出来，让他们接受充分的光照。可以在露营中加入一些对抗性的体育活动，文明其精神，野蛮其体魄。

山地露营

写这本书时，我不禁去思考亲子露营的起源是哪里，有一种可能是户外人在有了娃以后的一种妥协。几年前还和朋友进行苦行僧式重装徒步，穿越过崇山峻岭，也露宿过烽火台，但是当孩子出生的那一刻，原有的爱好就要有一些妥协与中和，而亲子露营刚好是重装徒步的一种变形，从追求轻量化转到追求一定的舒适性。如果我们在带孩子时还追求最原始的露营的话，旅途中用最简单的装备能在大山里安全地睡上一个晚上，山地露营便是最接近的。

如果时间和身体条件允许的话，希望父母能够带孩子走一段重装徒步，哪怕走上几公里，也要感受一下疲惫之后扎帐篷、生火做饭的乐趣，观察一下孩子面对一些小困难时会怎么处理。山地露营的乐趣在于疲惫后的收获，让孩子感受一下，原来吃腻了的鸡腿是这么美味，煮奶茶是这么好玩且好喝。我相信即使是平时有些挑食的孩子，在大强度的运动后也能吃得非常香，更何况还是自己参与生火做饭的。吃东西时所处的环境比吃什么更重要。

城市里长大的孩子，往往缺少亲密接触大自然的机会。寓教于乐，看图片和电视认识植物永远比不上亲眼看到，亲手摸到。劳动之中学习、锻炼生活能力是最有效的。也许孩子们不需要像贝爷、像特种兵一样野外生存，但是学习一下扎营、生火或是辨别方向这些技能也是好的，技多不压身，也许在某次学校春游活动中，你家孩子就能成为一个闪亮的明星。

山地露营是指在山区进行的露营活动，一般和徒步旅行相结合，也可以看作是重装徒步的一个延伸。虽然徒步不是最重要的目的，但也是这次露营中必不可少的经历，适合有一定徒步经验的家庭，至少体力要过得去，因为山地露营的背负要求是比较高的。

山地露营过程中，可能会遇到陡峭的山坡、光滑的岩石，也可能遇到湍急的河流、茂密的树林，这些无法预期的小挑战会给我们带来很多乐趣，但需要保证整个活动的安全。因为我们介绍的是亲子露营，我们的目标是锻炼孩子，并不是要给孩子带来危险和痛苦，所以在路线和露营地的选择上要考虑儿童的接受程度，最好选择较为安全、熟悉的线路和露营地。

山地露营更要提前关注天气，山区的天气变化较快，我们所携带的装备又没有那么充足，被淋成落汤鸡或是晒黑都是小事儿，但极端天气的出现会让我们处于各种危险当中，比如失温、中暑等。

适合的活动或者游戏

徒步旅行

在山地露营中，为了到达露营地而进行的徒步旅行本身就是一项非常有意思的活动。我们可以欣赏壮丽的山河，可以玩水踏青，而且，根据路线及露营地选择，还可能安排攀岩、野外求生培训等活动。这些活动如果家长有知识储备，可以做得很专业，如果不想太复杂，在大好河山中让孩子无忧无虑地奔跑，呼吸新鲜空气也是好的。

星空观测

终于远离了城市的光污染，可以带孩子观察星空，了解星星的名称、位置、颜色等。教他们识别星座，锻炼孩子的观察能力，认识宇宙的浩瀚与神秘，激发孩子对天文学的兴趣。对小一点的孩子还可以扩展知识，讲一下牛郎织女等神话故事。识别星座有相应的手机 APP，家长无须担心自己的知识储备。

植物、岩石等观察

可以配合书后的树叶打卡游戏，开始一场搜索之旅，看看这次能搜索到几种树叶。如果沿途有很多矿石或者鹅卵石，可以看谁捡到的石头更漂亮，观察石头的花纹和颜色。家长可以讲一讲这个石头形成的"历史"，比如矿石是怎么被地壳运动挤压出来的，石头又是怎么在河流中被打磨成椭圆形的。

装备和衣物的注意事项

山地露营地形相对平地来说更加复杂，露营车一般不可能到达，所有东西都要靠人力背到山里，所以对装备的轻量化要求比较高。装备可以参考重装徒步，物资需要根据行程的长短来选择。

必需品

帐篷

轻量化防风防水的小型帐篷。

登山包

家长用的大型背包最需要考虑的是有一个好的背负性能，一是可以有效地将背包的重量传递到大腿，不是靠双肩在负重；二是透气性较好，防止出汗湿透衣服。

食物和水

　　包括干粮、蔬菜、水果、肉类等，除正餐外，还可以带一些巧克力、能量棒、牛肉干、盐丸等。如果山里没有水源作为补给，饮用水需要带充足一些，如果夏天出汗很多，可以加上一瓶运动饮料。可以让小朋友自己背着水袋，方便随时喝水。

登山鞋

　　最好选择具有一定防水功能的登山鞋或者越野跑鞋。其中，中高帮的登山鞋可以防止杂物进入鞋里带来困扰，防止树枝、岩石剐到脚踝，保护作用更好，同时，中高帮鞋对脚踝具有一定支撑性，可以减小崴脚的风险。

衣服

　　户外活动的三层穿衣法则：排汗层＋保暖层＋防风层，贴身最好穿排汗、速干功能强的衣服；保暖层看天气情况，比如抓绒、薄羽绒等，一般要多带一件保暖衣服防止出现预料之外的降温，比如轻薄的方便收纳的羽绒服；防风层选择防水外套（冲锋衣或雨衣）、防风防晒的帽子、手套等。

睡袋

合适温标的睡袋，羽绒的会更轻一点，棉质睡袋的防潮性会更好，在潮湿环境下更保暖。

导航工具

地图、指南针、GPS，当然使用手机可以替代这些导航工具，如果让孩子更有参与感，收获更多，拿着一个老式指南针会更有意思。

炉具和炊具

选择轻便的炉具和炊具、可靠的瓦斯罐、小巧的蜘蛛炉头。另外需要注意目的地山里的防火要求，当前是否处于防火期，如果是防火期则禁止携带火种。

清洁用品

纸巾、垃圾袋等。

此外，还需要准备一些紧急救援用品，比如急救包、急救毯、哨子、头灯、手电筒、防潮袋、充电宝、驱虫液、驱蛇粉等。

非必需品

望远镜、相机等。

通用必需品	
睡袋、防潮垫	合适温标的睡袋是露营睡眠系统的基础
衣服	排汗层+保暖层+防风层
食物和水	如果没有水源，带水量要经过精确计算
应急救援品	急救包、急救毯、哨子、防潮袋
灯、手电筒	先保证照明，再考虑装饰
充电宝	没有电源的话，充电宝很重要
驱虫、驱蛇药	太多虫子或有蛇出没的露营谁都不想要
玩具	适合本次露营的玩具
清洁用品	纸巾、垃圾袋

山地露营的特殊用品	
登山包	背负功能强，可降低肩部负重
轻量化帐篷	保障安全的前提下，减小背负重量
导航工具	地图、指南针、GPS
炉具和炊具	轻量化，想想这些是要靠你背到山上的
补盐液	如果大量出汗，需要盐丸、运动饮料
登山杖	看具体路况和个人习惯
水袋	小朋友自己背着，不用大人追着给水喝
儿童越野跑背包	能装水袋、墨镜等孩子自己的物品

你将收获

培养意志力，增强自信心

亲子露营中最具挑战的就是山地露营，不仅稍微远离人类文明，缺少生活的便利性，孩子和家长都需要适应没有便利店没有咖啡厅也没有快递闪送，甚至都没有手机信号的环境。另外，还需要背负全部必需品长途跋涉到目的地，对孩子的体力、意志力都是一种考验，同时，也可以培养孩子们的冒险精神和团队合作意识，增强他们的自信心和勇气。

认识大自然，识别动植物

山地露营可以让孩子们接触大自然，了解山地环境和野生动植物。如果这次徒步过程中能够识别出几种本地常见植物并知道它们的特征，就是大大的收获。或者认识几种可以作为中药的植物，下次小朋友们一起春游时告诉他们"这就是车前子，有XXX药用价值"，可能会让你在同学中被刮目相看。

观测星空，提高对天文学的兴趣

通过观测星空，认识星星和星座，不仅增长天文学知识，还能学一些实用小技巧，比如如何通过北极星判断方向，再比如月晕而风是一种简单判断天气的方法。也可以通过观察星空让孩子认识到宇宙的浩瀚与人类的渺小，也许下一个小天文学家就这样诞生了。

学习地理知识，培养孩子的研究技巧

孩子能学到多少也受限于父母的知识储备，所以在露营之前建议爸爸妈妈恶补一些本地植物和地理及其特征对人类活动的影响等方面的知识，比如今天这座山属于太行山脉，再顺便讲一讲太行八陉有哪些典故、对我们的历史有哪些影响，免得一问三不知。

如果孩子大一点了，具有调查研究的能力，可以在徒步之前给孩子布置一个小作业，让他调研一下当地的气候、人文、植被、山川河流，形成一个小的学习报告，那么小朋友的收获就更大了。孩子不仅掌握了更多知识，还会锻炼形成一个好的学习方法。

水畔露营

露营是一场成年人的出逃。从城市到山野，从灯火到星光，抛开素日的喧嚣、琐碎与繁忙，看朝霞初升，听山风呼啸，看夕阳粉黛、云卷云舒，于幕天席地间遇见我们心中的诗和远方，感知自然，感知自我。让我们乘着夏日的微风，来一场"出逃"与"回归"。

如今，露营地如雨后春笋般地出现，山景、湖景、森林等多样的营地形态，衍生出种类繁多的有趣玩法。水畔露营因具有嬉水的乐趣而别具一格。

适合的活动或游戏

在湖边、河边甚至是海边等水域开展亲子活动，首先要考虑安全因素。家长为孩子选择的嬉水场所，最好是视野开阔、清澈水浅、静水流缓、有沙滩的小溪、小河边或小池塘，注意要穿防滑的鞋子。

捞鱼捞虾，赶海捡贝壳

小朋友们大多喜欢玩水，看到波光潋滟的湖水、潺潺流淌的小溪更是兴奋不已。拿上捞鱼网，拎起小水桶，卷好裤腿，牵着爸爸妈妈的手，去水边捞鱼摸虾，也许还能捞到小蝌蚪和小泥鳅，讲一讲小蝌蚪找妈妈的故事，快乐是如此简单。

如果是在海边的营地，还可以提前掌握涨潮退潮的时间，去附近捡贝壳、抓小螃蟹。

赤脚蹚水

光着小脚丫，或让汩汩溪水流过，感受冰冰凉凉，或使劲儿踩着水花，比比谁的水花大、水花高，尽情撒欢儿。对于孩子们来说，嬉水的快乐无可取代。孩子也需要通过他们的身体去直接感受大自然最为原始的声音和律动。如果水底有金沙，伸手抓起一把，还能看到手上好像涂了细细的闪粉。

打水仗

不玩水，无夏天。炎炎夏日的水边，怎能少了一场别开生面的水枪大战呢？孩子们扛上水枪，在爸爸妈妈的帮助下，给水枪灌满水，为即将开始的"战斗"做好准备。当第一道水花射出后，整个场面立刻沸腾起来，孩子们迫不及待地"火力全开"，相互喷射着、嬉闹着，体验玩水带来的清凉快感，体会童年的乐趣。

垂钓

与热闹的嬉水相比，垂钓就是让孩子们静下来的慢活动。在人类历史的长河中，钓鱼至少有 4 万年的历史。从史前文明的生存方式，演变成现代文明的休闲方式，垂钓的好处日益多样。英国自然资源保护学家大卫·贝拉米认为，垂钓对孩子的身心也有显著的益处。作为一种原始而质朴的接触自然的方式，它既可以塑造孩子的性格，培养孩子的耐心和注意力，也可以提高孩子的观察能力和反应能力。带上渔具，和孩子一起体会在漫长的努力和等待后瞬间收获的喜悦，也是不错的尝试。

装备和衣物的注意事项

必需品

帐篷

对帐篷本身没有太多要说的，正常准备就好，如果是自己搭建帐篷，需要注意帐篷下的防潮处理，帐篷下铺设防水布。位置上选择草稀疏一点的地方，草丛茂密说明土地比较潮湿。

睡袋

考虑到在水边露营的季节主要是夏天，水边的空气往往比较潮湿，这里更为推荐棉质睡袋，因为羽绒睡袋在潮湿后保温性能会大大下降，而且天气也不会太冷，棉质睡袋足够应对。

食物和水

需提前关注溪水能不能作为生活用水使用。

鞋首选溯溪鞋

穿着溯溪鞋可以直接下水玩耍，还不用担心水下锋利的石头划破脚，能下水的凉鞋也可以代替。特别留意青泥苔藓，比较湿滑，防止孩子绊倒摔伤。

衣服

由于可能会玩水，除了带够备用衣物，选速干的衣物会方便一些。

炉具和炊具

这方面没有特殊要求，在成熟的露营地这些都可以用，有什么装备就带什么，丰俭由人。

紧急用品和药物

碘伏、哨子、头灯、手电筒、防潮袋、充电宝、驱蚊水、驱蛇粉等。

清洁用品

纸巾、垃圾袋、洗漱包等。特别提示：如果营地没有卫生间，需要带个铲子，用来挖一个临时厕所。

防晒霜

水边玩起来容易忽略防晒，应提前涂抹防晒霜，游玩中注意补涂。

注意事项

水畔露营，最需防范潮水和暴雨，相对应地，选对扎营位置至关重要，还有提前看好天气预报，可能有暴雨的话就不要露营了。具体来说：一是与水保持一段距离，扎营地点需高于四周地势，相对海拔距离水面五米以上，在地势平整的地方搭建营地。二是不要在雨季的河床、峡谷、盆地中扎营，防止山洪突然来袭。三是不要在高地上、高树下或比较孤立的平地上扎营，雷雨天气容易遭雷击。

通用必需品		水畔露营的特殊用品	
睡袋、防潮垫	水边更推荐棉质睡袋	炉具和炊具	好用、好看的，记得带挡风板
衣服、鞋	速干类衣服和溯溪鞋最佳	灯带、彩旗、挂毯	装饰作用，为了拍照
食物和水	没有过多要求	快手菜半成品	方便在营地烹饪
应急救援品	医疗包	天幕	可以用天幕搭建一个活动区域
灯、手电筒	先保证照明	折叠桌椅	惬意生活必备
充电宝	如果帐篷没有电源，充电宝很重要	收纳箱	装零碎装备
驱虫水、驱蛇粉	防蚊虫	露营车	运送大件，搬家式露营的"大功臣"
玩具	捞鱼网、水桶、水枪	防晒用品	帽子、防晒霜、冰袖等等
清洁用品	纸巾、垃圾袋、洗漱包等等	铲子	可能需要挖临时厕所

你将收获

水畔露营，既可以享受到平常露营的乐趣，也能享受到嬉水的乐趣。

于家长而言，这是一场对话与唤醒。与大自然对话，发现曾被忽略的美好，重拾生活的真意。与孩子对话，进入孩子的内心世界，听到他们真实的声音。比如，在购买装备时询问孩子的意见，和孩子一起搭帐篷、做游戏，累了就一起躺下，幕天席地，开启一段和孩子的专属对话时光。

于孩子而言，这是一场释放与成长。释放他们爱玩、爱闹、爱笑的天性，尽情奔跑，放肆玩耍。在亲近自然、感受生命的世界里，在尝试新事物、探索新空间的过程中成长，和小伙伴们尽情交流、沟通、释放，享受童趣，增进相互之间的亲密感情、观察能力、动手能力、社交能力。

小朋友们通过近距离观察水中的鱼、虾、蝌蚪、小螃蟹，了解它们的习性，以及生态环境对它们的影响，让环保意识萌芽。让孩子多尝试有意思的活动，如钓鱼、抓螃蟹、抓蝌蚪等。有条件的可以试试皮划艇，鼓励孩子尝试新的项目，让孩子"见多识广"，增强探险精神。

冰雪露营

　　冰天雪地里戴着厚厚的手套，一群人围着火堆，捧着热茶聊着天，架子上还烤着肉，孩子们在附近打雪仗、滑冰，想象着这个场面就让人心生向往了。孩子也有他们的社交圈，一次冰雪露营可能会是一开学最酷炫的话题，或是当孩子在电影中看到这个场景的时候，可以骄傲地告诉别人，"我也在冰上、雪上露营过"。

　　冰雪露营最最重要的是安全，要做好保温，防止冻伤。此外，一定确保冰层足够厚！没把握就不要上冰。

　　冰雪露营，可以包括冰上露营、雪地露营，也可以包括爬雪山时在雪线之上的露营。冰雪露营是条件最艰苦、最有难度的露营形式之一，除非孩子足够坚韧，且父母对露营和徒步比较有研究，否则我是不推荐家庭选择自己准备一切的。

　　想感受冰天雪地环境的话，我建议选择拎包入住的酒店式管理的冰雪露营地。对于露营高端玩家来说，如果装备非常齐全且操作熟练，可以快速搭建好庇护所的话，再考虑自己带着小朋友一起参与。

　　但是冰雪露营的景色实在是太特别了，可以欣赏冰层下游来游去的小鱼，可以听到河水冲击冰层的声音，可以抚摸鬼斧神工的冰凌……所以，在保障安全的前提下，北方的冬天一定要找一条河去踏冰，找一个冰雪营地去露营。

适合的活动或游戏

围炉夜话

听着柴火噼里啪啦的声音，家人和朋友们可以把手机扔下，一起聊聊人生、聊聊世界，一边烤几个玉米、红薯，等着玩累了的孩子过来抢着吃。换一个生活场景，我们会发现孩子其他闪光点或者不足之处，也会让自己对这个世界有更深层次的思考。

务必注意防火！务必防一氧化碳中毒，开火就要保持通风！

坐雪橇、坐雪车、打雪仗等冰雪游戏

如果温度特别低，可以试试拍一张泼水成冰的照片。还可以试试做一个冰壶，来一场冰壶比赛，看谁能把冰壶推到 10 环。

冰钓

在厚厚的冰层上钻个洞，可以在洞上面搭一个小帐篷防风，泡上一壶茶，等待换气的鱼儿上钩。

🐛 **观星**

　　相比其他季节，冬季星空因存在众多亮星而更显壮观，我们可以带着孩子一起去识别猎户座、大犬座、金牛座、双子座等星座。如果有一架天文望远镜，还可以仔细看一看月亮上面的巨大的环形山。

 **光绘摄影**

观星结束之后，我们把相机快门调慢，手机的话可以用流光模式，然后就用手电筒、冷烟花来写字画画啦。大家可以按照这个思路，画一个简笔画，或者写几个有纪念意义的字。上图是参加星空户外组织的观星活动后，我们一起光绘的缩写。

装备和衣物的注意事项

冰雪露营最需要注意的是取暖和保暖，这就涉及取暖炉的问题。如果营地有电源，或者自己的电动汽车可以开到帐篷旁边来逆放电，就可以用电热毯和电取暖炉了（俗称小太阳），露营的舒适度就能有比较大的提升。如果没办法用电，可以使用柴火炉和油炉，这更适合高端玩家，因为装备重，使用有些复杂。除此之外，还可以用气炉和卡式炉，用气罐点火取暖，使用较为方便。

直接点火存在一定安全隐患，需要一氧化碳报警器和灭火毯，所以对于亲子露营来说，能提供电源的营地最为方便。

如果完全不用取暖炉也是可以的，睡袋温标足够、衣服足够厚也没问题，但是少了一些惬意和从容，太冷了不想动，也不利于拍漂亮的照片。这样就有点像爬雪山时候的露营了，每个人都裹得像个粽子，睡觉时候一个比较大的问题是冻脸。插一句，雪线以上的露营不在本书讨论范围之内，安全第一。

 **必需品:**

帐篷

厚重一点的帐篷，不求保温效果好，只要求冷风不会轻易灌进来。

睡袋

冰雪露营可能必须得用羽绒睡袋才能满足要求，提前做好功课，露营当晚最低气温是多少，选择睡袋的温标一定要足够。

食物和水

食物尽量选择能够带来高热量的，毕竟天气这么冷，就不要考虑减肥了。

鞋

鞋一定要保暖效果好一点的，脚下暖和非常重要。除了厚重的鞋以外，还要穿上厚一点的羊毛袜。

衣服

对衣服的主要要求就是足够保暖。

炉具和炊具

这方面没有特殊要求，完善的露营地这些都可以用，有什么装备就带什么，丰俭由人。

紧急用品和药物

碘伏、哨子、头灯、手电筒、防潮袋、充电宝等。

清洁用品

纸巾、垃圾袋、洗漱包等。

冰爪

如果想在冰上玩且不打滑，可以考虑带上一套冰爪安在鞋上，每一步都可以深深地扎进冰里，冰再滑也不会摔跟头。

暖宝宝

冰雪露营可以带上一批暖宝宝，用法简单，哪里冷贴哪，有人用暖宝宝贴出来一个"电热毯"。

通用必需品		冰雪露营的特殊用品	
睡袋、防潮垫	防潮垫需要替换为行军床或者厚垫子，离冰凉的地面远一点	取暖炉	务必注意安全
衣服、鞋	保暖为第一要务	冰爪	冰上防摔利器
食物和水	提供热量	暖宝宝	提升冬季露营幸福感
应急救援品	医疗包、手电筒等	帽子	保护耳朵，减少头顶散热
灯、手电筒	先保证照明，还能光绘摄影使用	折叠桌椅	惬意生活必备
充电宝	如果帐篷没有电源，充电宝很重要	收纳箱	装零碎装备
玩具	天文望远镜	露营车	运送大件，搬家式露营的"大功臣"
清洁用品	纸巾、垃圾袋、洗漱包等等	炉具炊具	烹饪时以不冻手为原则
		三脚架	如果想玩光绘摄影，需要一个保持稳定的三脚架

你将收获

丰富的天文知识

认识了猎户座、金牛座、双子座等星座，看到了月亮上的环形山，从前那个神秘的月亮今天终于揭开了面纱，家长们可以顺势普及一下月球的形成和演化过程。如果孩子感兴趣，再讲一讲月球的运动规律、自转和公转周期等等，还可以说一说人类目前对月球的探测和开发进程是怎样的。家长要提前做一下这方面的功课，不想做功课怎么办，拉一个天文学家朋友一起来露营。

丰富的摄影知识

光绘摄影涉及光圈、快门速度等摄影基础问题，如果家长刚好比较懂，可以给小朋友讲一下曝光时长等专业问题，看看小朋友对摄影是否有兴趣。另外，光绘摄影需要多次尝试才能拍摄出自己满意的照片，要一点一点去实验，这个过程很考验孩子的耐心和举一反三的能力。

丰富的自然知识和生活常识

比如：冰层下的鱼儿为什么没有被冻住？帐篷内是否可以生火？为什么要用一氧化碳监测仪器？一氧化碳让人中毒的原理是什么？一氧化碳是怎样产生的？柴为什么要劈开烧？劈柴用什么工具？有何注意事项？

冰雪露营距离我们现实生活很远，遇到的大部分事情都是新鲜的，孩子如果开始了"十万个为什么"模式，要好好地引导他的兴趣点，争取让孩子养成自我学习的好习惯。

第三篇

DI-SAN PIAN

露营美食

LUYING MEISHI

预制备餐技巧

亲子露营时，一般都会安排丰富的露营活动项目，留给烹饪的时间非常有限。同时，由于露营中受时间和设备限制较多，琐碎的食材和烹饪工序让很多宝爸宝妈对露营烹饪望而却步，而选择了速食品。

其实在户外制作美食的乐趣真的非常值得体验，从拾柴点火到架锅烹调，尤其不要错过和孩子们一起动手搭建一间野生厨房，做一顿"家常饭"的机会。

虽然食材必须是新鲜的做出的菜肴才能最美味，但选择适当的保存方法，可以有效延长保鲜度。预制好的食材，不需要再洗、切，减少了烹饪工序，实现露营美食自由不是难事儿。这一篇我们就介绍几种简单的预制备菜方法！（露营食材不同于家庭周期性备菜，因为户外保温条件不稳定，不建议提前太久预制或囤货，否则影响菜品质量，提前一天筹备即可。）

预制美食步骤

第一步：将食材按需求切丝、切块后，直接冷冻

烹饪前都无须解冻，放在食材包里，还可以起到保温的效果。冷冻后的馒头等碳水主食一样可以充当降温包的角色！

第二步：预处理

将需要焯水、汆烫或是需要较长料理时间的食材提前处理好，尽量控干水后，用保鲜袋装好冷藏冷冻。例如，想做红烧排骨，可提前将排骨焯水，炖煮到七分熟，装好冷冻。

第三步：分装食材

为了减少露营烹饪时的手忙脚乱，可以将做好的预制菜分装，一袋一个菜，简单便捷，不慌乱。

第四步：适当方法保存食材

下面为大家介绍不同食材的保存小技巧。

蔬菜类预制指南

1.大部分蔬菜都可放入保鲜袋，装入一张厨房用纸来保存，需要尽量排尽空气。

2.蔬菜无特殊需求，不焯水，挑拣掉残叶直接保存。

3.如果蔬菜沾水，晾干后再冷藏或冷冻，以免带水催生腐烂。

4.保存食材的容器，无论瓶罐或袋子，都要无水无油。

5.笋类蔬菜需要加盐焯水后，放入保鲜袋冷冻储存。

6.白菜、生菜等带根茎的蔬菜，在底部插上牙签，就可以解决红锈问题。如果需要较长时间保存，可以把根茎泡在水里。但是不建议蔬菜类长时间存放，新鲜才最健康！

7.红薯等根茎类食物还可以用锡纸保存，延长寿命，也方便露营时直接放入炭炉烹饪。

8.冷冻蔬菜不要在烹饪前解冻！口感变差，营养也会大打折扣。

TIPS：

绿色蔬菜焯水时，加几滴油，可以保色。

菌菇类预制指南

1.菌菇易长毛变质，如果不是立刻料理，一定要第一时间用厨房用纸或锡纸包裹冷藏。

2.金针菇水分较大，去根后用厨房用纸包裹冷藏，及时更换纸张。

3.菌菇类还可以按需切开，焯水，挤干水分，冷冻存储。

肉类预制指南

1.肉类可以用厨房纸擦干血水后，用锡纸包裹冷藏。

2.如果是准备烧烤的肉，提前加调味料进行腌渍，放密封袋中冷冻保存。

TIPS：

三明治、贝果这类淀粉含量较高，需要保持水分的食材，制作完成后，用锡纸包裹冷冻，保鲜效果更好。

露营快手美食

露营快手美食——煲仔饭

不需要电饭锅，一个简单的饭盒，十分钟就可以搞定！

露营使用锅具

不锈钢／铝质饭盒，强烈推荐单兵炊具套装！

第一步：准备材料

广式腊肠、鸡蛋、大米、青菜、煲仔饭汁。

第二步：制作米饭

1.饭盒内放大米，加入清水，高出大米一个手指节。滴几滴食用油，可以防粘。

2.盖上盒盖，中火焖蒸5分钟，加入腊肠和鸡蛋，再蒸3～5分钟，关火闷一会儿。

3.加入焯好的青菜，淋上煲仔饭汁。搞定啦！

同样简单的还有美味的鳗鱼饭！快来试试吧！

露营快手美食——三明治

孩子说：我想要吃汉堡包。

你第一反应可能就是"不够健康啊"。

孩子又问你：可以吃面包吗？肉饼呢？加点蔬菜？

哈哈，无言以对的你快行动吧！

露营使用锅具

平底锅／烤盘

第一步：准备材料

面包类、肉类、蔬菜类、黄油、芝士片、沙拉酱类。

第二步：做三明治

1. 肉、菜煎熟，面包抹上黄油煎至微黄。

2.加入蔬菜、芝士片，淋上沙拉酱，开吃！

吐司片也是常见的主材选择，不要拘泥于面包种类，选你认为最好的，做属于你家的味道！

露营快手美食——便当饭盒

实力与美貌并存的担当——便当饭盒！如果不想携带炊具，那便当饭盒就是最好的便携美食了！分享几个盒子供大家参考吧（备菜技巧见前面章节）。

肉类：煎牛排、酱牛肉　　菜品：虾仁炒芦笋、水煮玉米

主食：海鲜烩饭　　小食：蔬菜厚蛋烧、牛油果

肉类：煎鳕鱼、豆皮卷牛肉

菜品：炝炒包菜、时蔬炒海鲜

小食：蒸南瓜、山药

露营预制美食

露营预制美食——炸酱面

面食永远占据中国美食"C位"。不管在哪个季节，一碗酱香浓郁的炸酱拌面，绝对能为你充满电。别看小小的一碗炸酱面，家家做出的味道都不一样，快来找到属于你家的味道吧！

露营使用锅具

煮面汤锅

第一步：准备材料

主料：面条。

酱类：干黄酱、甜面酱。吃辣的话，再加一份豆瓣酱吧！

肉类：选择肥瘦相间的五花肉／牛肉（如不吃肉类，可用鸡蛋代替）。

菜码：黄瓜、豆芽、豌豆、胡萝卜、青菜（按照自己喜好）。

调料：黄油、葱花、桂皮、香叶、八角、冰糖、食用油。

第二步：准备食材

酱类用适量黄酒混合，爱吃甜口的话，就适当增加甜面酱的比例。可以试试黄酱：甜面酱=7：3。

五花肉／牛肉切小丁，大葱葱花一大碗。

第三步：制作炸酱

1. 热锅倒入肉丁，煸炒至肉丁微紧微黄，出油，盛出备用。

2. 用锅底油，加入桂皮、香叶和八角，炸至变色捞出，留油。

3. 即刻加入一半葱花炸至微黄，加入混合酱，煸炒二三分钟至出油。（过程会有油星喷溅，记得穿好围裙！）

4. 加入肉丁和适量冰糖，翻炒均匀，加入适量水，微微没过肉丁即可。盖盖子熬至咕嘟咕嘟冒泡的浓稠程度。

5. 关火，开盖，加入剩下的一半葱花。

因为炸酱本身咸香，不用再加过多调味品，也易较长时间保存。提前一晚放冰箱冷藏好，出门前放在保温箱里，也不用担心凝固的油脂会洒落。

菜码就留在露营现场再制作。黄瓜、胡萝卜类切丝，豆芽、豌豆和青菜焯水即可。

第四步：煮面条

将之前准备好的面条煮熟，放入炸好的酱和菜码，一份炸酱面就做好了。

一份适合一年四季的露营"C位"面食就完成了！同样便捷的还有南方的葱油面，山西的臊子面也非常适合，快去试试吧！

露营预制美食——腊汁肉夹馍

别被名字吓到！做过无数遍这款美食的我，拍着胸脯告诉你，家庭版很简单！跟着我一起把"西安"带去露营吧！

露营使用锅具

平底锅

用于回烙饼子和加热腊汁肉。如果对口感要求高，也可以使用烤架回烤白吉馍。担心露营顾不上操作的话，在出门前用保温袋直接装好成品吧！

第一步：准备材料

肥瘦相间的大块五花肉。

白芷、八角、小茴香（必不可少）、肉蔻、桂皮等。（偷懒的话可以选择现成的卤肉料包！）

烧饼。（如果对做饼子没有信心，抄近道——买烧饼！）

料酒、生抽、老抽、冰糖、白糖、酵母、食用油。

第二步：制作腊汁肉

1. 泡水去血沫，或者冷水下锅去血沫，用厨房纸擦干（防止入油锅迸溅）。

2. 热锅，将肉块放入平底锅，煎出丰富油脂，表面金黄。

3. 烹入料酒，挥发后，加入开水、生抽、老抽、冰糖以及准备好的卤肉料包。炖40分钟（压力锅可适当缩短时间），大火收至浓稠（不要收太干，浇汁才是灵魂吃法），结束战斗！

第三步：制作白吉馍

已经拥有了烧饼的你，直接跳过这步吧！

1. 温水和面，面粉加少许白糖和酵母，发酵半小时。

2. 分成小面团，揉成长水滴，擀成宽型长条状，刷一层薄薄的油，从一头向上卷起成坨，立起来按平，擀圆饼。

3. 平底锅不放油，干烙至表皮金黄，推入预热的200℃烤箱，烤10分钟。

饼子一次可以多烤一些，肉也可以多卤一些，卤肉汁也好好保留！分别放入冰箱冷

冻可较长时间保存。露营时，就着炭火回烤饼子，用锅加热下卤肉，切碎入馍，准备好香翻营地吧！

除了腊汁肉夹馍，所有面饼类的都可以这样提前预制好，方便露营时实现"饼加万物"的自由！

露营预制美食——酱香肉饼

想象一下，当落日的营地被筋疲力尽的饥饿感占据，大家的味觉突然被喷鼻的肉饼香奇袭的幸福感，一口香酥掉渣，一口酱香浓郁。快跟着我来吧，轻松拿捏住这款霸道美食！

露营使用锅具

平底锅或烤盘

第一步：准备材料

手抓饼、肉馅、黄豆酱、白糖、花椒、葱、姜、香油、芝麻。

第二步：调馅

1.肉馅内加黄豆酱、少许白糖，再少量多次加入水，搅拌至黏稠。有条件的话，加入用花椒和葱姜泡的水，去腥效果好。

2.拌好后，加入葱花、少许香油，轻轻拌匀。

第三步：制作馅饼

1.将解冻的手抓饼重新揉成面团，擀成薄饼。

2.放入调好的肉馅，包好。

3.擀面杖轻轻擀开，沾湿手，轻抚面饼，表面撒上芝麻。

4.如果一起露营的人数比较多，给自己省些力气，做个巨无霸肉饼吧！混合几张手抓饼揉成饼皮，叠成"小枕头"。

第四步：烤 / 烙饼

首先恭喜你，进度条已到 99%！这一步露营现场再操作吧！直接把上一步包好的肉饼放进冷冻室就可以了！出门前，装入保温袋。

手抓饼含油，就无需再放油了！

如果你在第二步不小心使用了神力，饼皮露了馅儿，别慌，再使用些神力，把饼皮按压薄一些，恭喜你！解锁了隐藏美食——酱香锅盔！酥脆的小饼子保证俘获每一个小伙伴的胃！

类似的预制面食类，馅料一次多准备些，做成饺子、包子、馄饨等，直接放进冰箱冷冻。在露营时还能吃到家的味道！

露营预制美食——春饼

露营使用锅具

平底锅、饭盒

第一步：准备材料

饺子皮、豆皮、土豆、豆角、青椒、里脊肉等。

面粉、油、黄豆酱。

第二步：制作春饼

食材切丝装密封袋，肉类可以冷冻，这样可以当作降温包使用。

饺子皮每一层撒上薄面粉摞起来，擀成薄皮。

每一层刷一层薄油，防粘。

锅上汽后蒸 2 分钟，蒸好后冷冻保存（这步就可以去露营地再做了）。

配上你爱的菜码，尝试一口吞的快乐吧！（市面上的饺子皮擀开正好是一口的量，大口吃饭的快乐一定要试试）

同理，还可以做更省事的豆皮春饼！豆皮卷万物，刷上黄豆酱！

TIPS：

如果有淀粉类的食材，为了防止发黑，可以泡水洗去淀粉后再装袋！

露营预制美食——一口鲜到江南去

鲜掉眉毛的腌笃鲜，随时带你到江南！从来没有想过把它带上露营的餐桌吧？没你想的那么难，跟上我，把这份初春的鲜美带进露营地！

露营使用锅具

汤锅

第一步：准备材料

春笋、咸肉、排骨/鲜肉、千张结/豆皮、姜片、盐、料酒、米酒（没有也行）、食用油、葱、姜。

第二步：预制菜品

1. 春笋加盐焯水，去除草酸，盛出冷藏备用。

2. 咸肉、排骨焯水，冷水下锅，加入姜片和料酒去腥。

3. 热锅凉油，葱姜爆香，加入排骨和咸肉，加热水，挑出葱，大火煮开，汤色见白转小火，炖30分钟（如果你的露营装备里有炖煮类锅具，露营时间足够长，那可以在营地完成这步）。

4. 将咸肉和排骨汤一起装入密封袋，冷冻。

第三步：漫不经心的惊艳时刻

预留 15 分钟的时间再加工（咸肉有盐分，不着急再加盐）。

将密封的汤料放入露营汤锅，烧开后，加入千张结和春笋、一大勺桂花米酒，炖上 10 分钟，盛上一碗"江南"吧！

露营预制美食——烧烤类

露营美食中，不得不提的"大咖"是肉串、烤肉、啤酒，露营中它们可以消除疲劳感。关于腌制调料有太多的风味可以选择，不妨试试下面几种配方吧！

腌制牛羊肉

传统风味：洋葱丝、蒜片、香菜、孜然粒、生抽、料酒、蚝油、白糖、食用油。

西式风味：黑胡椒粒、迷迭香、食用油、大蒜粒。

腌制五花肉

烤肉店的味道：洋葱、粗辣椒面（以香为主，试试石碾秦椒面）、孜然粉、蒜片、梨、生抽、老抽、蚝油、芝麻。梨和洋葱打碎，与其他调料一同拌均匀。

韩式风味：韩式辣酱、蒜末、细辣椒粉（以香为主）、蜂蜜、烤肉汁、雪碧。

万能刷酱配方

街边小推车味道：蒜蓉辣酱、甜面酱、番茄沙司、孜然粉、白糖、十三香。

露营预制美食——暖乎乎的露营

乍暖还寒的春季，风干物燥的秋季，还有寒冷的冬季，在外露营如果有碗热汤可以喝，真的是快乐翻倍！

我要喝热乎乎的

焖烧罐申请出战！亲子露营必备装备，不占火源，不受场地限制。分享个小技巧，使用前先用开水烫洗焖烧罐，焖烧效果更出色！除了焖烧，夏季还可以保冷！

上锅酸汤海鲜锅

所需材料：海鲜、番茄、酸汤料包（选购你喜欢的口味）。

加一份预制的馄饨，放点紫菜，一碗酸汤馄饨就完成啦！

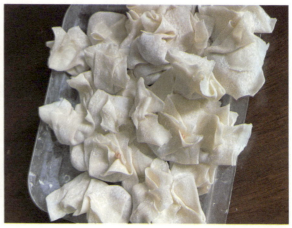

嗦碗粉吧

第四篇 DI-SI PIAN

给父母的装备清单

GEI FUMU DE ZHUANGBEI QINGDAN

开篇语

作为新一代父母的我们，似乎都有一种强烈的责任感，就算偶尔出游也要附加一份感想式的游记或是背后饱含说教意义。还没出发，孩子就忧愁着完成这份"作业"。

这份"自我满足"式责任感的出发点，部分来自父母对未来的担忧，部分来自互相间的"内卷"。我们自己不敢停下，更不敢让孩子们停下，恨不得让大脑在睡眠时也温习套奥数题。

亲爱的小孩，我不希望你的童年只有飞驰在车窗外的城市放映的"车载电影"，或是前往下一个特长班后座上的碎碎念，抑或是摆放在商场中各种逼真的"宁静风景"。

我们还会给孩子们甚至更下一代讲述草堆上的故事，讲述麦浪怎样翻滚涌动，积雨云和火烧云怎样变幻莫测，讲蛐蛐、蝈蝈和蟋蟀到底谁会"叫"。而孩子只会"真的吗""不可能吧""书里没讲过啊"，头也不回地这样回应你，池塘摸鱼、编笼罩鸟的话题比不上手中的游戏遥控器，而那时的我们除了一声长叹又能怎样呢？

已经长大的我们也发现，没有什么技能或特长学起来会太晚。相反地，长大的我们更懂得为自己的爱好去坚持，去深钻，不再需要旁人监督和催促。而唯一来不及、换不回的是孩童时的那双眼睛和那份心境。

孩子对这个世界是高热情的，怀有满腔热爱的童年不该全部押注在一份答卷和无止境的考级上。他们清澈的双眼该在绮丽绝美的山川中辨识五彩，稚嫩的步伐该在丈量江河湖泊中变得坚定，"抬头望星空，低头赶路"的领悟应该在一次次艰难地穿越丛林中得到。

露营前的准备

关注天气情况

露营是户外进行的活动，受天气影响最大。一定要考虑到天气对目的地的影响，要以安全第一，娱乐第二为总原则来考虑。

选择营地

选择营地需要参考的因素很多，亲子露营最好选择专业的露营基地。营地设有配套成熟的基础设施，也会按照环境划定好各自功能区，最重要的是安全性上相对有保障。

了解营地情况

提前对接营地管理者，多数露营营地采取的都是预约制，一方面避免人满为患降低体验感，一方面也便于营地管理维护。询问好重要事项，例如车辆是否能进场、收费标准、营位基础设施配置等。

了解交通情况

首先，确认到达营地的最短距离和配合出行时段的交通状况，以免把宝贵的时间浪费在路上。其次，和小朋友一起去露营，备些零食和应急尿袋类卫生物品。最后，千万不要忘记提前检查车况。

收拾装备行囊

我们为大家列出了基础的必需品，结合出行季节和目的地地质情况，根据不同装备参数，尽量选择大品牌的、质量有保障的，且能保证高频率使用的物品进行购置。运营成熟的营地，装备上较为齐全，他们的选择更有代表性和经验，体验后再购置。

行前注意事项	
交通	1.选择周末或节假日活动，要注意往返车程。车程距离市区或医疗急救点不超过2小时 2.提前检查车况，如油量、电量、刹车等关键环节
营地选择	生活必需和卫生区的配套设施。首先要确定好是否有卫生间、淋浴间，是否提供水源、电源。其次要确定好是否过夜，评估好自身是否具有搭建帐篷的能力和配套相关装备
用火	提前联系营地管理者，了解火源使用的管理要求，明确是否可以生明火或使用卡式炉，夜间是否可以设置篝火。不同季节，营地在火源使用上也有限制

我们都爱絮叨的事情

难得的家庭式露营时光，别让目的性教育和说教成为主旋律。在户外露营时，小朋友们会遇到各种情况，大人们也需要应对各种"幼稚"的问答。不要急着否定孩子的发现，也不要直接质疑他的做法，夸奖也要注意实质，敷衍的"你真棒"并不一定有积极效果。和大家分享几点沟通小建议。

一、鼓励式

例如：孩子遇到挫折或劳累，想要放弃时。

"这段路真的不好走，你竟然坚持了这么久，真的太棒了！很累的话就休息一下，相信你一定是最先到达的人！"

TIPS：

肯定他的努力和付出，也要体谅他的辛苦，这样的对话才能积极地引导他继续坚持。

例如：发现了新奇的事物。

"你简直就是个天生的探险家！这样的石头我也没见过！一定要带回去翻阅资料搞清楚啊！"

TIPS：

不要轻视他的成果，保护好他探知的欲望才能激发进一步学习的热情。

例如：开展活动遇到困难，无法推进或者需要决策时。

"你可以组织我们来场头脑风暴吗？或者你有什么好提议吗？说来听听，我猜一定会是个好主意！"

TIPS：

不要忽视他，要充分给他表达自己观点的机会，平等对话有利于他在以后的团队合作中找到自己的位置，敢于发表意见，甚至成为领导者。

二、共情式

例如：野外探险受到惊吓。

"宝贝，没关系的，难过了就哭一会儿，刚才给我也吓傻了，你表现的已经很勇敢了！我们大人也不一定能比你做得更好呢！"

TIPS：

情绪疏导很重要，引导他适度地发泄、接纳自己的负面情绪，避免成为讨好型人格，负重式的心理压力不利于身心健康成长。如果采取挫折教育，也需要循序渐进的引导和鼓励相结合，培养自信和承受力更重要。

例如：把感受、意见或建议及时表达出来。

"铁索桥太可怕了，我恐高，真的做不到，可以帮妈妈规划另一条道路吗？"

"我觉得咱们在露营时还要格外注意'无痕露营'的问题，提前把垃圾分类放置，可以减少最后的工作量，你们觉得呢？"

TIPS：

不要害怕把自己的缺点暴露在孩子面前，适当地示弱会让他更清楚没有尽善尽美的人和事情。容错率是可以培养一个人胸怀的，也会鼓励他多想解决问题的办法，调动主观能动性。

三、总结式

例如：复盘露营活动。

"你觉得这次露营活动，最开心的是哪个环节？下回咱们再去露营时，你觉得哪些问题是需要特别注意的？"

TIPS:

　　不要强求日记或游记式的复盘，可以以问答交流的方式来复盘活动细节，加深记忆和知识点，还可以以规划下次露营为出发点，列出此次活动筹备实施或者体验上的遗憾，避免下次再出现。

总要体验一次睡进大自然吧！

日间露营装备

装备	推荐用品	准备好了吗
洗漱用品	干湿纸巾、牙具、毛巾等	
护肤用品	依据季节配备。如夏季徒步，防晒必备；秋冬登山，防干裂冻伤的面霜须准备	
照明	营地灯：充电式的电池容量要大 应急手电：不要单纯依靠手机照明	
睡袋、枕头	参考因素：气温、海拔、轻便度、内里填充、保温值	
	建议：冬季木乃伊睡袋，保温好；其余季节，信封睡袋宽松舒适	
蚊香、驱蚊/虫用品	视季节而定。如果在蚊虫多的季节，建议购买户外专用驱虫棒，夜间点插在营帐四周	
氛围感用品		
照明	串灯彩灯	
	复古油灯/汽灯	
布置	彩旗	
	花草	
	茶具/咖啡套装	
	彩色毯子/针织品	
电器	便携投影仪	
	音响、乐器	

说走就走，简单一样快乐！

场景	物品	选购建议	准备好了吗
休息区	速开型帐篷	1. 只有公园露营需求：轻便、速开 2. 打算高频率使用：建议综合考虑自带天幕、防晒涂层及抗风性能因素	
	充气床垫	1. 注意 R 值（热阻值） 2. 考虑收纳体积 3. 考虑收、开便捷度，是否需要配置充气泵	
	毯子	可用作薄被、床单等	
	防潮垫	1. 隔绝水汽，保护帐篷 2. 防止虫类破坏	
休闲区	收纳箱	日间露营可以代替折叠桌，兼顾储物和置物功能	
	折叠椅	折叠马扎最实用，轻便性、安全性较高	
运输	背包	轻便、防水、功能分区多	
小物品	垃圾袋	坚持无痕露营	
	水壶、防晒物品、干湿纸巾		

	小药箱	
驱蚊虫类	驱蚊虫、止痒露必备	
创可贴	准备不同大小尺寸，除了手指等小部位划伤，还易出现手肘、腿部等较大面积剐蹭情况，有条件的可以再准备些敷料纱布贴	
	酒精、碘酒、棉签／棉片	
	退烧药	
	消炎药	
脱敏药	户外过敏原多，建议常备	
肠胃药	户外烹饪的水源和食材都易污染，造成肠胃不适，建议常备	

营地做美食，快乐翻倍！

装备	推荐用品	准备好了吗
露营车	1. 视车载空间，尽量选大不选小，可折叠收纳 2. 承重和深度要够 3. 四向越野轮，不挑地形	
炉灶、气罐	可选分体气炉、一体气炉、折叠卡式炉、酒精炉、自搭土灶柴火炉等	
挡风片	必备	
锅具	1. 平底锅／烤盘，二选一 2. 强烈推荐单兵作战饭盒 3. 深锅。煮汤、面，烧水，可替代烧水壶 4. 折叠型碗具适合登山徒步类活动，盛装的食物较简单。家庭式露营慎选折叠型碗具，尤其汤汁丰富的菜品，有倾洒烫伤的可能	
保温壶	保冷保热皆可，焖烧罐最实用	
调味套装	调料视烹饪美食情况，也可选半成品料包，例如冬阴功汤料、鱼香肉丝料包等	
厨房用纸／油污清洁湿巾	可用于不粘锅具类用品，可简单擦拭	
刀具	折叠小型刀具、生存多功能刀，具有开罐、切割、钻孔等多用途	

第五篇 DI-WU PIAN

····················

一起玩懂二十四节气

YIQI WANDONG ERSHISI JIEQI

开篇语

我亲爱的小孩在参与的几次节气活动中，都表现出了令我咋舌的惊喜，他像个诗人，像个哲学家，用最纯真的眼睛还原着一个绮丽绝美的世界，以及那些被我们忙碌错过的时时刻刻。

谷雨时节，我们带他去郊外种瓜点豆。

小孩说：

杨絮，它一定有眼睛，

要不怎么我抓，它就躲；我追，它就跑。

还是大地更厉害，

它让杨絮乖乖落地回了家。

那年秋分过后，秋老虎却一直"蹲守"京城，入秋失败。我们在登山露营的午后看到一棵渐红的枫树。

他仰着头喃喃自语：

枫叶红了，

是在给等在后面的秋天一个提醒吧？

她该上班啦！迟到啦！

你看，书本上只会说红叶说明秋天到了，谁也不会去想秋天也许真的需要有人提醒她上班了……

我亲爱的孩子在观察万物生长中滋生出"热爱"，在每次与自然的亲近中，懂得了依靠朋友，眷恋家人。我们一家三口相偎着看过太多场姹紫嫣红的夕阳，在山巅，在海边，或瀑布下，这个小妙人儿，教会了我看这世界原本的奇妙，体验本该如此的轻松。

很多宝贝在幼儿园阶段就会学到一首儿歌——二十四节气歌，版本各异。无论哪个季节，大自然蕴藏的奥妙都是无穷无尽的。两千多年前，我们的祖先运用聪慧的大脑，通过观察太阳周年运动轨迹和万物的变化规律，将一年划分为基本等长的二十四个时间段落，创立了我们中国人特有的时间体系——二十四节气。

其中，表示季节变化的有：立春、春分、立夏、夏至、立秋、秋分、立冬、

我的露营

誓约

我的露营誓约

我尊重自然万物，不取走自然中的任何资源，妥善处理垃圾，注意用火安全，遵守"无痕露营"准则。

我尽最大努力参与搭建营地，尽己所能地帮助需要的人。

我愿意和朋友们分享所见、所闻和所得。

立约人：＿＿＿＿＿＿＿＿＿＿

我的露营
小日记

 # 我的露营小日记

1.＿＿年＿＿月＿＿日，节气＿＿＿

2. 我们露营的目的地是＿＿＿＿＿＿＿

3. 天气记录：晴天＿＿＿　多云＿＿＿　阴天＿＿＿　雨天＿＿＿

4. 给天气加一个形容词吧＿＿＿＿＿＿＿

5. 我们的分工

我负责＿＿＿＿＿，爸爸负责＿＿＿＿＿，妈妈负责＿＿＿＿

（视情况添加其他成员）＿＿＿＿＿＿＿＿＿

6. 我们准备的美食＿＿＿＿＿＿＿＿＿＿＿

7. 我的发现（动植物、环境特征等）＿＿＿＿＿＿

8. 获得的新技能＿＿＿＿＿＿＿＿＿＿＿＿＿

不同形状的树叶

BUTONG XINGZHUANG DE SHUYE

心形——桦树叶

针形叶——松树松叶

锯齿形——枫树叶

线形叶——柳树叶

圆形叶——榆树叶

扇形叶——银杏叶

视觉卡

SHIJUEKA

寻找小动物
刺猬

寻找小动物
蚂蚁

寻找小动物
蜻蜓

寻找小动物
蝴蝶

寻找小动物
蜜蜂

寻找小动物
麻雀

听觉卡
TINGJUEKA

鸟叫—啄木鸟

虫鸣—蝉

动物叫—松鼠

水声—瀑布

风声—风吹草动

脚步—脚踩落叶

不同形状的花

BUTONG XINGZHUANG DE HUA

触觉卡
CHUJUEKA

柔软的
羽毛

温暖的
篝火

清凉的
风吹蒲公英

光滑的
鹅卵石

坚硬的
橡果

粗糙的
松果

味觉卡
WEIJUEKA

营地烧烤——烤鱼　　　野菜——苦菜　　　野菜——马齿苋

野果——桑葚　　　野果——野草莓　　　野果——野樱桃

味觉（味觉为进阶卡是因为需要写好温馨提示，
强调食物安全和不过分采摘保护自然）

嗅觉卡
XIUJUEKA

枝叶香

花香

雨后清新的味道

野果的香味.

露营食物香

土壤的味道

冬至，这些是区分公转运动对于地球影响的八个关键节点；象征温度变化的有：小暑、大暑、处暑、小寒、大寒；反映降水量的则是：雨水、谷雨、白露、寒露、霜降、小雪、大雪；反映物候现象或农事活动的节气有：惊蛰、清明、小满、芒种。但是二十四节气所蕴藏的传统文化习俗、科学知识可不是一首儿歌就能囊括的，比起死记硬背那些词语，何不去亲身体验下其中的乐趣呢？

季节变化	降水变化	温度变化	物候现象（农事活动）
立 春	雨 水	小 暑	惊 蛰
春 分	谷 雨	大 暑	清 明
立 夏	白 露	处 暑	小 满
夏 至	寒 露	小 寒	芒 种
立 秋	霜 降	大 寒	
秋 分	小 雪		
立 冬	大 雪		
冬 至			

○ TIPS：

二十四节气歌选读

常见版

春雨惊春清谷天，夏满芒夏暑相连。

秋处露秋寒霜降，冬雪雪冬小大寒。

上半年逢六廿一，下半年逢八廿三。

每月两节日期定，最多相差一两天。

物候版

立春雨水渐，惊蛰虫不眠，

春分近清明，采茶谷雨前；

立夏小满足，芒种大开镰，

夏至才小暑，大暑三伏天；

立秋处暑去，白露南飞雁，

秋分寒露至，霜降红叶染；

立冬小雪飘，大雪兆丰年，

冬至数九日，小寒又大寒。

地理常识版

地球绕着太阳转，绕完一圈是一年。

一年分成十二月，二十四节紧相连。

按照公历来推算，每月两气不改变。

上半年逢六、廿一，下半年逢八、廿三。

这些就是交节日，有差不过一两天。

一月小寒接大寒，二月立春雨水连；

惊蛰春分在三月，清明谷雨四月天；

五月立夏和小满，六月芒种夏至连；

七月小暑和大暑，立秋处暑八月间；

九月白露接秋分，寒露霜降十月全；

立冬小雪十一月，大雪冬至迎新年。

抓紧季节忙生产，种收及时保丰年。

玩懂二十四节气

第1个节气：立春

讲意

二十四节气之首。"立"取意"开始"，大地回春，周而复始。我们最隆重的传统节日"春节"，其实最早是为"立春"衍生出的节日，它的全名叫"立春节"，人们在这一天举行迎春大典，意味着新一年的春天从这一天开始。直至辛亥革命后，春节被定为正月初一，单独立节，才成了我们现在的春节节日。

讲候

初候（自然气象候）：东风解冻。东风带来温暖的气流，大地开始解冻。

二候（动物候）：蛰虫始振。冬眠中的虫儿们开始苏醒。

三候（动物候）：鱼陟负冰。河面的冰逐渐融化，河底的鱼儿们上浮游到河面，好像是小鱼背着薄冰在游动。

和宝贝这样讲

立春的到来意味着大地渐渐复苏，春天就这样被东风轻抚着吹来了，推醒了冬眠的蛰虫，暖意晃醒了湖底的鱼儿，鱼儿摇晃着尾巴想要破冰而出。立春只是代表进入春天，我国的大部分地区还处于较低温的天气，野菜开始萌出，老人们也总会叮嘱"春捂"。

出发吧

立春的到来意味着大地渐渐复苏，春天就这样被东风轻抚着吹来了，推醒了冬眠的蛰虫，暖意晃醒了湖底的鱼儿，摇晃着尾巴想要破冰而出。立春只是代表进入春天，我国的大部分地区还处于较低温的天气，野菜开始萌出，老人们也总会叮嘱"春捂"。

看什么

二十四番花信——迎春花、樱桃花、望春花。

迎春花，雪中四友之一。当你在哪里都能看到它盛开着像喇叭的花朵时，那春天一定就跟在它的左右。

拥有一个自己的"移动城堡"够不够酷炫？如果没有了帐篷，你该怎样度过露营的夜晚？我们来搭一项贝尔式的庇护所吧！充分利用自然中的树木、树枝、灌木、岩石等自然材料，做一项最原始的帐篷！

吃什么

《四时宝镜》载："立春，食芦、春饼、生菜，号'菜盘'。"咬春，带上五辛盘，露营时自己做份春饼吧！别忘了带块萝卜咬咬春！

读什么

减字木兰花·立春

宋·苏轼

春牛春杖，无限春风来海上。

便丐春工，染得桃红似肉红。

春幡春胜，一阵春风吹酒醒。

不似天涯，卷起杨花似雪花。

第2个节气：雨水

讲意

"春雨贵如油"，大自然湿度计就是这个节气了！"雨水"节气的到来意味着：一是大自然的温度开始回升，冰雪化为水；二是自然界的湿润度开始增大。那你猜得到为什么下雪变下雨吗？

讲候

初候（动物候）：獭祭鱼。到了这个节气，河面的冰彻底解冻，雀跃的鱼儿时不时地跳跃于水面，却不知岸上潜伏着神秘的"捕鱼者"——水獭。捕食成功的水獭会把战利品排列在岸边，所以有了"獭祭鱼"一说。

二候（动物候）：候雁北。躲避寒潮的大雁，感受到了北方春姑娘的呼唤，开始飞回北方的家。

三候（植物候）：草木萌动。淅淅沥沥的雨水，浇灌了干涸已久的大地，也给草籽和树木带来了"生命之水"，喝饱了的它们钻出头，看看又一个新年。

·············· **和宝贝这样讲** ··············

草木发芽了，乡村的人们也开始了忙碌，备肥料准备播种。"随风潜入夜"的雨水，浇灌出了田间明晃晃的油菜花，"小楼一夜听春雨"的你看到枝头轻盈的白杏花了吗？乍暖还寒的时节，穿上轻薄的外套，让我们一起去山间捡松果吧！你知道雨后的松果会有什么样的变化吗？

出发吧

看什么

二十四番花信——油菜花、杏花、李花。

油菜花绽放时，明艳而热烈。它自信地表达着自己的美，不扭捏，是初春的小太阳。

吃什么

春笋。你那里下雨了吗？这雨像给树林施了魔法，一夜间拱出的新笋争先恐后地占满了林间。和孩子们去林间拔新鲜的春笋入菜吧！在你的背包里放几块排骨和豆皮，一小块火腿就够了。初春微凉的傍晚，用一锅腌笃鲜解解乏吧，再炒个简易的油焖笋，配上米饭，这顿露营晚餐一定让你称霸营地！

摘不到春笋也没关系，后附腌笃鲜预制小妙招。

读什么

春夜喜雨

唐·杜甫

好雨知时节，当春乃发生。

随风潜入夜，润物细无声。

野径云俱黑，江船火独明。

晓看红湿处，花重锦官城。

第 3 个节气：惊蛰

讲意

"蛰"是指冬眠蛰伏过冬的昆虫和动物们。"惊蛰"是指春雷乍动下，惊醒了它们，蛰伏中的昆虫一般会率先苏醒。

讲候

初候（植物候）：桃始华。粉红色席卷了漫山遍野，是艳丽的桃花盛开了。

二候（动物候）：仓庚鸣。听啊，身披黄袍的"告春鸟"——黄鹂（莺）歌唱着春光无限美。

三候（动物候）：鹰化为鸠。繁衍后代的老鹰返回了老巢，不知真相的古人，竟把活泼的布谷鸟误认为了老鹰的变身。

和宝贝这样讲

艳丽多彩的桃花让春天浪漫了起来，簇拥枝头的花朵带着昂扬的朝气，在春天嫩绿的画布上抹上浓艳的一笔。迎春的桃花不止一种颜色，报春的鸟儿也不止一种，还有什么昆虫没有醒来呢？一起去看看我们山上的桃花是什么颜色，生机盎然的林间还有哪位歌唱家？我们又该怎样叫醒迟到的昆虫呢？

出发吧

看什么

二十四番花信——桃花、棠梨花、蔷薇花。

桃花不仅美丽，还可入茶入菜。《神农本草经》讲"令人好颜色"，快去查查桃花还有什么神奇功效吧。

吃什么

梨、荠菜。怎么会把吃水果变成了一种习俗？你知道"果宗"指的是哪种水果吗？这个地位如此特殊的水果，就是梨。惊蛰吃梨，是传承下来的一种习俗。惊蛰醒来的不只小动物们，还有一些害虫。古人将"梨"谐音为"离"，吃梨，意为远离虫害，新年丰收。同时，梨清甜润肺，可缓春燥。露营的时候，别忘了带壶梨汤！

轻雷微雨的惊蛰节气，复苏的生物里，野菜的生命力算得上蓬勃强悍。带上我们的小铲子和篮子，挖嫩嫩的荠菜，回家包上一顿鲜美的饺子吧！

读什么

惊蛰二月节

唐·元稹

阳气初惊蛰，韶光大地周。

桃花开蜀锦，鹰老化春鸠。

时候争催迫，萌芽互矩修。

人间务生事，耕种满田畴。

第4个节气：春分

讲意

分者，半也。春分，位于农历二月中。和秋分一样，这一天昼夜是等长的，意思就是白天和黑夜一样长。同时"春分"还代表着春季已经过一半了！从这个节气以后，白天的时间会越来越长，直到"夏至"节气，白昼时长会达到最长。所以，小朋友们能玩耍的时间也变长了。

讲候

初候（动物候）：玄鸟至。天空一掠而过的是谁的身影？原来是过冬的燕子飞回了北方。在古代，燕子被称为"玄鸟"，你知道《山海经》记载的有关玄鸟的神话故事吗？

二候（自然气象候）：雷乃发声。听！是轰隆隆的雷声！看样子是结束了寒假的雷公上班了！

三候（自然气象候）：始电。不仅是雷公公回来了，闪电娘娘也结束休假了。好热闹的"春分"雨！

·············· 和宝贝这样讲 ··············

春分，一个温厚的节气。残枝萌新芽，风和日丽下一派春光。南归的燕子依然落在昔日人家，修补旧巢迎新生。这会儿的雨也有了旋律，淅淅沥沥交织着电闪和雷鸣，但还没到狂风暴雨般。如果露营的你赶上了这时的雨，细听听土壤的如饥似渴，去惊叹春笋瞬息间的成长吧。

出发吧

看什么

二十四番花信——海棠花、梨花、木兰。

除了美丽的花朵，春分节气时，风期也会增多，不同于冬天的寒风，和煦的春风吹回的不仅有小燕子，还有一个个形态各异，充满奇思妙想的风筝。有着两千多年历史的活动——放风筝，你体验过了吗？快去看看你的风筝追不追得上小燕子吧！

吃什么

香椿。春季蔬菜的"C位"该有香椿的一席之地。俗话说，雨前椿芽嫩如丝，雨后椿芽如木质。谷雨后的香椿就老了，趁早尝尝它的鲜嫩吧！不过，香椿所含亚硝酸等成分高于一般蔬菜，推荐吃嫩芽，焯水后可冷藏短时间保存。

读什么

咏廿四气诗·春分二月中

唐·元稹

二气莫交争，春分雨处行。

雨来看电影，云过听雷声。

山色连天碧，林花向日明。

梁间玄鸟语，欲似解人情。

第5个节气：清明

 讲意

清明，气清景明。又是一个既是节气又是节日的特殊日子，也是二十四节气中唯一的双节日。《岁时百问》记载："万物生长此时，皆清洁而明净，故谓之清明。"破土萌新的万物，接受过春雨柔洗，一定是明净般的状态。清明时节，算得上真正的温暖，最适宜踏青了。

讲候

初候（植物候）：桐始华。作为清明的节气花，桐花盛开了。

二候（动物候）：田鼠化鴽。懒洋洋的暖意又叫醒了谁？是灰突突的小鹌鹑吗？可它怎么会从土里冒出来？哦，原来是出来觅食的田鼠啊！

三候（自然气象候）：虹始见。没有人不爱绚丽的彩虹，清明时节总会下雨，阳光折射水滴组成的雨雾上，一片彩虹就出现了！

·············· **和宝贝这样讲** ··············

清明，是郊外踏青春游的好时节。一起放风筝，在花红柳绿间奔跑，看你的小纸鸢带上你的心愿飞上天。找一片草坪歇脚，珍惜没到烈日当头的时间，只一个天幕和一块地垫，就是一场轻负担的露营！

　　清明，于绝大多数家庭来说是悲伤的。雨霁风光间，夹裹着无尽的思念。选择这一天踏青的我们，一起聊聊和逝去长辈间的温情故事，聊聊生命和家人的珍贵。行清墓祭时，带一束白菊去看望，借春风捎去思念。有些地方还有墓前插柳的习俗，期盼先人辟邪保平安。

出发吧

看什么

二十四番花信——桐花、麦花、柳花。

像伞，像吊钟，也像号角，簇拥盛开的桐花，像瀑布一样从枝头蔓延而下，一树的繁华，吹响夏日的前奏曲。

吃什么

青团。清明时节江浙美食榜的"C位"。艾叶榨汁，糯米粉和面，包入各式各样的馅料。再带上龙井茶叶，选一处山清水秀的露营地，天幕下吃着茶点，跟跑累的孩子们临水作赋，这份清净的春天才不算辜负。

榆钱。可爱的"小钱币"造型，既是营养丰富的美食，又是寓意"发财"的吉祥物。露营的你别忘了寻找榆树，摘一捧回家让妈妈做成美味的窝窝头吧！

读什么

清明

唐·杜牧

清明时节雨纷纷，

路上行人欲断魂。

借问酒家何处有，

牧童遥指杏花村。

第6个节气：谷雨

 讲意

谷雨，取意"雨生百谷"，春季的最后一个节气。这是二十四节气中，唯一一个将时令（日期）、物候（雨）和农事（种瓜点豆）紧密对应的一个节气。在北方，谷雨是"终霜"的象征；而在南方，往往代表着从此将进入一个较长时间的多雨气候。

讲候

初候（植物候）：萍始生。雨季的来临，让池塘、湖中变得潮湿又温热，这是浮萍最爱的环境，"一叶经宿即生数叶"的神奇植物就是浮萍了！你猜，它和春笋谁的生长速度更快呢？

二候（动物候）：鸣鸠拂羽。鸣鸠就是现在所说的"斑鸠"。斑鸠站在树梢梳理着羽毛。

三候（动物候）：戴胜降于桑。本该在地上觅食的戴胜鸟，也开始飞上桑树的树枝，来来往往地做巢，准备哺育下一代了。

和宝贝这样讲

清明一场凉雨过后，浮萍应暖而生。谷雨，这个充满丰盈生机的节气到来了。春夏交接之际，这会儿的风里开始带着夏日的热情。田中秧苗初插、作物新种，林间总能听到"布谷布谷"的清脆叫声，那是布谷鸟催促着人们播种，催促着万物生长。

看什么

二十四番花信——牡丹、荼蘼、候楝花。

国花牡丹，妩媚奔放是它，端庄艳丽也是它。历史上关于牡丹的趣闻典故数不胜数，流传最广的一定是传奇女皇武则天"贬牡丹"的传说。寒冬登基的武则天令长安城内百花逆期绽放，为其庆贺。唯牡丹不畏权势，铮铮傲骨，枝叶未生。一怒之下，武则天将牡丹贬至洛阳，谁料到牡丹生长得却越发蓬勃。女皇震怒，又下令焚花。牡丹却浴火重生般愈开愈艳。古人便借牡丹赞扬具有高贵品格的人。

当然，这只是传说，花草植物是最怕火的。我们露营时，一定要注意用火安全。

吃什么

谷雨时节，南方采春茶，北方食香椿。在南方正是"山家谷雨早茶收"的时间，民间传说谷雨采摘的新鲜叶片炒制的干茶，可以清火、明目，那我们露营的饮品就带点"谷雨茶"吧！

读什么

咏廿四气诗·谷雨春光晓

唐·元稹

谷雨春光晓，山川黛色青。

叶间鸣戴胜，泽水长浮萍。

暖屋生蚕蚁，喧风引麦葶。

鸣鸠徒拂羽，信矣不堪听。

第7个节气：立夏

讲意

"四立"的第二立——立夏。"天地始交，万物并秀"，农作物进入了生长旺季。

讲候

初候（动物候）：蝼蝈鸣。根据东汉时期郑玄注："蝼蝈，蛙也。"，也有说蝼为蝼蛄，蝈为蛙。蝼蝈开始鸣叫，喊着"夏天来啦"。

二候（动物候）：蚯蚓出。随着降雨量增加，泥土变得厚重，氧气减少。喜欢生活在潮湿土壤中的蚯蚓，便爬上地面换气。如果是田间的蚯蚓，正好也帮忙松动土壤了。

三候（植物候）：王瓜生。能开出喇叭花似的一种植物开始快速生长，顺着杆子攀爬。

················· 和宝贝这样讲 ·················

与春告别，翘首企盼夏天。开始等小荷盛开，等烈火骄阳，等蛙叫蝉鸣渐茂了万物。各种鲜花悄然盛开，让我们一起去看浓烈的夏季带来的世间芳华吧。

出发吧

看什么

春意藏，长夏初醒，"五月花神"芍药花开了！艳丽的芍药花和牡丹花长相似姐妹。我们总会借用古代的长安城形容繁华，那自立夏节气后的时光，就该是大自然的"长安时分"了。你那里是进入了梅雨天，还是已拥有了夏风荷举的美好？在草长莺飞的时节，我们来一场垂钓露营吧，采摘下甜了枝头的樱桃和桑葚，一家人追逐一下初夏的晚风。

吃什么

立夏饭。很多地方都有吃立夏饭的习俗，北方节气美食多数是面食，配各种卤子和应季的菜码。这个立夏，我们一起试试寓意"五谷丰登"的五色饭吧！提前将红豆、黑豆、绿豆、豌豆和糯米泡发好，装在保鲜袋里，露营时焖蒸就好了！

如果选择了桑葚园露营，别忘了带上便携充电式榨汁杯，榨一杯新鲜的桑葚汁吧！

读什么

客中初夏

宋·司马光

四月清和雨乍晴，

南山当户转分明。

更无柳絮因风起，

惟有葵花向日倾。

第8个节气：小满

讲意

夏天的第二个节气，万物始茂，麦子渐满，谓之"小满"。你发现了吗？我们的二十四节气，只有"小"满，并没有"大"满。古人讲，小得盈满，为人处世追求满而不盈。这个节气蕴含着我们中国人处事的智慧和哲理，要为了"盈满"，而保持"生生不息"的斗志；也要保有一份视未满为盈的知足心态，不贪心追求"大满"。

讲候

初候（植物候）：苦菜秀。一种常见的可食用野菜。小满时节，苦菜进入了生长旺季。麦子还未成熟的季节，古时人们用苦菜来果腹。

二候（植物候）：靡草死。靡草是一种可入药的草。这种草有一个特性——至夏则枯死。据说靡草类喜阴，随着小满后日照时长增加、强度增强，这类植物也就枯萎了。

三候（植物候）：麦秋至。小满后，麦子即将迎来丰收。

和宝贝这样讲

小满，表达了一种恰到好处的人生态度。这个节气里，我们看得到晴雨交织和烟雨朦胧的美，垄头麦子也是"小满"渐饱，"满林烟雨"中的枇杷甜了。小麦渐满，而蘼草死。古人选这两种候作为小满节气的代表，意味深长。一个新生，另一个衰败，大自然鲜有永远的长盛，亘古不变的永恒是遵循发展的轮回。衰败不代表结束，新生也不会永远停滞。

出发吧

看什么

杨万里的《小池》写道："小荷才露尖尖角，早有蜻蜓立上头。"去看荷塘吧！小满时节，尽管荷花还未盛开，但荷叶已舒展开来，连成了片，亭亭玉立在水面。"轻功大师"蜻蜓早已落在了上面。快带上你的网兜，和蜻蜓比比速度吧！

去寻一株许愿草吧！它轻盈，却又承载着成千上万的"希望精灵"，它像花又像草，是菜也是药。猜到它是谁了吗？被称为中药"八大金刚"之一的蒲公英。吹口气，将愿望送上天空去吧！

吃什么

摘一片荷叶，裹上泡发好的糯米和蜜枣，蒸一笼最新鲜香甜的荷叶包饭吧！给爸爸妈妈冲一杯蒲公英茶，梅雨闷热的天气里清热解毒刚刚好。

读什么

小满
元·元淮

子规声里雨如烟，
润逼红绡透客毡。
映水黄梅多半老，
邻家蚕熟麦秋天。

第9个节气：芒种

讲意

芒种，春播后第一轮收获的节气。它是上一轮劳作辛苦后的"甘甜"，也是下一轮新生的"开端"。芒种，谐音"忙种"，"芒"字，是指麦类等有芒植物的收获，"种"字，是指到了播种谷黍类作物的时候。芒种节气是收麦子和种稻子的繁忙农事时期，一收一种，正是芒种时节的寓意。

讲候

初候（动物候）：螳螂生。经历了秋、冬、春三季漫长孕育期的螳螂宝宝们出生了。

二候（动物候）：鵙始鸣。鵙，是指伯劳鸟，在芒种时节站立枝头鸣叫。

三候（动物候）：反舌无声。反舌也是一种鸟类，与伯劳鸟的习性正好相反，到了芒种时节，善鸣的反舌鸟反而停止了叫声。

和宝贝这样讲

"春争日，夏争时"，到了芒种时节，农事上的忙碌已经到了争分夺秒的紧张，抢收春播的麦子，抢种秋收的稻子，无一事能误，无一时不忙。而动植物们呢？产卵在上一个秋季的螳螂，终于孕育出了新生命。"仲夏日中时，草木看欲燋。"唐朝诗人储光羲写出了此时火一般的万物生长状态。怒发蓬勃、肆意生长、生命壮大都是这个时节生命的状态。

出发吧

看什么

喜悦与繁忙是当期的主旋律。去看金黄的麦浪吧，捡拾稻穗是难得的体验，和农民伯伯一起感受丰收的喜悦！芒种前后，端午也到了，去看场赛龙舟吧！摘蒲艾、做香包都是有趣的民俗活动。在端午那天，一定要亲手剪些香菖蒲和艾草挂在大门两边，辟邪又驱虫。

吃什么

　　粽子。端午节时，没有什么比吃粽子更应景的了。可你知道吗，南北方粽子的馅料千差万别：甜的、咸的、蜜枣的、肉的……你都吃过哪些呢？

　　酸梅汤。芒种时节，气候多是湿热为主，吃苦饮酸成了很多地方的饮食习惯。露营也是一项消耗体力的活动，用乌梅、山楂、茯苓等熬一壶酸梅汤，准备些糖渍苦瓜和莲子，清热解腻。

读什么

时雨（节选）

宋·陆游

时雨及芒种，四野皆插秧。

家家麦饭美，处处菱歌长。

老我成惰农，永日付竹床。

衰发短不栉，爱此一雨凉。

第 10 个节气：夏至

讲意

"至"，极限的意思。夏至到来，北半球的白昼达到全年最长的一天。过了这一天，白昼开始缩短，黑夜开始变长。

讲候

初候（动物候）：鹿角解。夏至前后，按照生长规律，鹿的角开始脱落。

二候（动物候）：蜩始鸣。蜩就是现在的蝉、知了。蝉鸣开始了，夏天的喧闹又多了一分。

三候（植物候）：半夏生。半夏是一种草药。阴面的山坡、潮湿的溪边或草丛，都可以采摘到新鲜的半夏。

·············· 和宝贝这样讲 ··············

晌午后的炎炎烈日下，日影短至，蝉鸣喧闹依旧。我们循着繁花，到林间寻找落了角的鹿，它轻快的蹄子踏过溪边，悠然的岸边半夏丛生。原来，盛夏已深，岁月葱绿。

出发吧

看什么

让我们躲进山间去避暑吧！山色映夏凉，望着葱郁的山峦，走在林间溪流边，也就忘记了酷暑下的蒸腾感。如果运气好，真的遇到了鹿，我们一定不要惊扰它，就在远处静静观察这个林间精灵。夜宿林间时，星繁伴蝉鸣，寻找下北斗七星吧，它的斗柄是不是指向了南方？

吃什么

"冬至饺子夏至面"。北方人最为讲究的炸酱面最应夏至的景。炸酱要浓稠醇厚，配上一碟碟应季时蔬的菜码，是北京人朴素的"讲究仪式感"。常见的菜码有黄瓜、豆芽、香椿、水萝卜丝、黄豆等，清爽水灵是唯一的要求。

冬瓜茶。北方的燥热，南方的湿热，都是让人不爽利的。除了标配酸梅汤，南方的冬瓜茶也是消暑利器。比起酸梅汤的略寒，冬瓜+红糖+姜的组合，可谓老少皆宜。食材和操作都很简单，放在一起熬制成膏，装罐冷藏，露营时挖一勺冲制加冰，岂不美哉！

读什么

竹枝词二首·其一

唐·刘禹锡

杨柳青青江水平，

闻郎江上唱歌声。

东边日出西边雨，

道是无晴却有晴。

第11个节气：小暑

讲意

"暑"代表热度，"小"是表示程度的副词。小暑的意思是天气开始炎热起来，但还没到最热的时候。"三伏天"是指小暑与处暑间的气候，是一年中气温最高、湿度最大的时段，让人感觉闷燥不安。自小暑开始，进入伏天。

讲候

初候（自然气象候）：温风至。此时起，刮起的风再也没有凉感，热气拂面。

二候（动物候）：蟋蟀居壁。之前还玩耍在田野间的蟋蟀，也受不住热浪，躲进了带顶的院角下避暑。

三候（动物候）：鹰始挚。雄鹰也受不了地面反射的热气，在相对清凉的高空中翱翔。

·········· 和宝贝这样讲 ··········

小暑至，盛夏伊始。摇着蒲扇再也别跑到田野中去寻找那位歌唱家，它搬到了你的屋檐和庭院角落里。我们快去庭院的鸡冠花下、满庭芳香的凤仙花中，找到这位避暑的小淘气吧。一抹黑影晃过，抬头望去已变成了芝麻大小，想不到吧，那是被暑气"蒸"上了天的雄鹰。

出发吧

看什么

梧桐花期至，荷塘碧连天，荷花已满堂，攀援的凌霄花装饰了谁家的墙，暑热中的繁花热烈似锦。盛夏中能带来清凉的还有竹林，这次出发就去寻一隅竹林吧。

吃什么

三花三叶三豆三瓜。这个时期，胃口乏味，消暑是最大的需要。三花指金银花、菊花和百合花，三叶指荷叶、竹叶和薄荷，三豆指绿豆、赤小豆和黑豆，三瓜指西瓜、苦瓜和冬瓜。这些都是清除暑热，健脾利湿的好手。刮了瓤的西瓜别浪费，去皮凉拌，随手就是一道爽口凉菜，露营美食就又多了一道快手菜。

头伏饺子。北方的习俗，蘸醋吃饺子，开胃又解馋，可以缓解食欲不振。露营时，大家一起包一盘鲜美的荠菜馅饺子吧！

读什么

夏夜追凉

宋·杨万里

夜热依然午热同，

开门小立月明中。

竹深树密虫鸣处，

时有微凉不是风。

第 12 个节气：大暑

讲意

"小暑大暑，上蒸下煮"，夏季的最后一个节气——大暑，正值"中伏"前后，一年中气温最高的时候到来了。此时南方绝对是暑气蒸腾的"蒸笼"时节。大暑的炎热，并不是一蹴而就的。此时的暑气由入夏后地面从阳光中吸收的热量累积而来。

讲候

初候（动物候）：腐草为萤。枯死的植物在潮湿的环境中逐渐腐化，而腐草间孕育了夜间精灵——萤火虫。想象力丰富的古人误以为萤火虫是由腐草变化而生。

二候（动物候）：土润溽暑。溽，湿。天气炎热又多雨，土壤内的环境变得更加潮润。

三候（自然气象候）：大雨时行。大暑时节，多会出现雷雨天，可怕的轰隆隆的响声带走了空气里的闷热。

·········· 和宝贝这样讲 ··········

大暑，极尽丰盈，处处都是一幅浓墨重彩的油画。摇着蒲扇的我们，宿在山间，夜枕清风俯萤火，夏花卧席听夏眠。踏浪而来的酷暑，和梦想一样炽烈而滚烫。风乍起，轰隆的雷声呐喊着、振奋着每一个少年梦，烈日不暮，拼搏不息，不负骄阳。

出发吧

看什么

至热，需至静。大暑节气正值"荷月"，选个荷塘主题公园来安置营地，采摘莲蓬和荷花，感受风动莲生香，心静自然凉的惬意。

夏天，夜晚的主角也是大牌纷纭，没有萤火虫的童年一定不够梦幻。去寻找夜之精灵吧！不过千万不要伤害它们，这样它们才能把美梦送到你床前啊！

想不想变身魔法昆虫师？利用昆虫对特定波段光的趋性，来一场灯诱捉虫秀吧，你永远不知道下一位飞来的是哪种美丽昆虫！

吃什么

二伏面。又是面食，不过这次，我们要带一碗流传三千年的"养生面"露营去！那就是"炒面"。准备面粉、牛油或素油、核桃仁和芝麻等干果仁，炒制后冲入沸水，加盐或糖调味儿。一碗"解烦热、止腹泻"的养生面茶就做好了。

读什么

晓出净慈寺送林子方
宋·杨万里

毕竟西湖六月中，
风光不与四时同。
接天莲叶无穷碧，
映日荷花别样红。

第 13 个节气：立秋

讲意

立秋，三伏天的"末伏"。立秋并不代表秋天真正到来，它是自然气候的一个转折点，昼夜温差逐渐变大，暑气渐退。尽管有"秋老虎"的威力，但整体趋势日渐凉爽。

讲候

初候（自然气象候）：凉风至。暑气还未消退，但风已有凉意。

二候（自然气象候）：白露降。夜晚与白天的温差开始变大，水蒸气在夜里遇冷，在晨间有的形成了晶莹的露珠挂在叶片或花朵上，有的汽化成了白雾弥漫。

三候（动物候）：寒蝉鸣。秋蝉也感受到了凉意，在树枝上奏起它最后的乐章。

·············· 和宝贝这样讲 ··············

白日里我们还在感慨着酷暑难耐，夜里的风就裹着些许的凉意，吹落了树梢的第一片叶。晨起的窗外是茫茫一片，聒噪的蝉鸣也变了声调，奏响了离别的曲目。红了一半的枫叶在告诉我们，夏色渐敛。

出发吧

看什么

　　农历的七月也称"兰月"，因为温馨清香的兰花进入了花期。此外，应季而开的"花朵"都蕴含着丰收的喜悦，去到田间看稻花和葵花。我们玩一场"摸秋"的游戏吧！到农田里收集不同作物，放在黑盒里，一起做个"丰收盲盒"吧！

　　除了赏花，立秋时正逢我们的传统节日"七夕"。牛郎织女的典故凄凉又感人，尽管传统"七夕节"的本源和爱情并不完全搭界，但鹊桥相会的确是爱情和团圆。

吃什么

　　立秋的吃食习俗有很多。北方讲究"贴秋膘"，多吃些肉抵御将来的寒冬。南方流行吃当季的芋头和新鲜的菱角、玉米、土豆等，或清蒸，或焖饭，还可以做碗芋头糖水。

读什么

西江月·夜行黄沙道中

宋·辛弃疾

明月别枝惊鹊，清风半夜鸣蝉。

稻花香里说丰年，听取蛙声一片。

七八个星天外，两三点雨山前。

旧时茅店社林边，路转溪桥忽见。

第 14 个节气：处暑

讲意

处暑，"处"，指躲藏、终止，谐音"出伏"。这是一个"隐身"的节气，总易被人遗忘。它的名字带着夏的影子，《月令七十二候集解》记载："暑气至此而止矣。"

你看，实则却是拉开秋天真正的序幕。处暑的到来，意味着暑热将止，秋景初微。

讲候

初候（动物候）：鹰乃祭鸟。秋意渐浓，感到寒意的老鹰也要"贴秋膘"了！它开始大量捕获食物，并将战利品像陈列祭品一样摆放在地上，大快朵颐，储备能量过冬。

二候（自然气象候）：天地始肃。日渐寒冷的空气使万物开始凋零。

三候（植物候）：禾乃登。"禾"指稻、粱等秋收农作物，"登"指丰收。终于到了农作物成熟的季节了！

……和宝贝这样讲……

秋风掀起一阵耀眼的金黄色麦浪，稻田里即将硕果累累。一片落叶，半亩稻田，万盘斑斓，"处暑"拉开了秋天的幕布。飞驰着捕食的雄鹰，一掠而过，打翻了大自然的调色盘，描红了枫叶，调紫了葡萄藤，晕染了五花山。一场酝酿已久的变装秀开始了！

看什么

处暑下的初秋，变得色彩绚烂。其实，不只有金黄代表农田里的丰收，快去看变红的高粱和大枣吧。葡萄藤架上更是挂满了喜人的五颜六色。我们去"赶秋"吧！检验下爸爸妈妈长杆打枣的技术是不是已经生疏。落地的树枝也别浪费，做个树枝人儿，绑在大树上做个小哨兵，守护大森林！

放河灯，也称"荷花灯"，中元夜把荷花灯放到江河中，让它把你的愿望带到远方。

吃什么

北方，这时瓜果丰盛，苹果、京白梨、柿子、大枣和葡萄等等，都是迎接秋季的盛礼。而南方水果的重头戏一定是陆续登场的各品类橙子。去策划一场水果盛宴的露营吧！

读什么

七月二十四日山中已寒二十九日处暑（节选）

宋·张嵲

尘世未徂暑，山中今授衣。

露蝉声渐咽，秋日景初微。

第15个节气：白露

讲意

一个名字充满氛围感的节气，带来的是一年中昼夜温差最大的时节。清晨凝结的雾气越发浓郁，树叶上、草丛上挂满了水珠，在晨光的照射下，发出白色的光芒。《月令七十二候集解》记载："露凝而白也。"因此得名"白露"。

讲候

初候（动物候）：鸿雁来。感受到温度变化的候鸟——鸿雁，带着北方的寒意飞往南方。

二候（动物候）：玄鸟归。玄，指黑色。另一种候鸟——燕子，也准备飞往南方过冬了。

三候（动物候）：群鸟养羞。"羞"通"馐"，指美食；养，指积蓄。为了能够安全度过食物匮乏的冬季，各种鸟儿们都开始为越冬积蓄食物了。

○ TIPS：按照北宋《物类相感志》记载，"大曰鸿小曰雁"，古时所指"鸿雁"应是两种候鸟。

·········· 和宝贝这样讲 ··········

"白露秋分夜，一夜凉一夜。"白露后，秋夜长，梧桐叶落，晚荷残生。日渐萧瑟的景色里，一群勇敢的旅行家起航了。不只我们熟知的大雁，迁徙

类的候鸟还有白鹭、丹顶鹤、天鹅等，它们的航程甚至需要跨国。留下来的百鸟们，也一刻不敢懈怠，寒冷的冬日会让昆虫蛰伏，草木凋零。这时，勤劳的小鸟们开始忙碌着储备越冬的粮食。

出发吧

看什么

去湿地公园露营，看候鸟迁徙的忙碌。赶在晨起时去田野间，银露抚秋实的美丽画面尽收眼底。你的城市，有没有泛起桂花香？

来一次公园露营吧，选一棵桂花树，沏一壶白露茶，头顶是忽而一字忽而人字的大雁飞过，我们一起将最后一抹暖秋揽入怀。如果夜宿在外，那一定别忘了准备玻璃瓶，我们一起收集清晨花草上的露水，来一杯百花露啊！

吃什么

福建当地有"白露吃龙眼，一颗顶只鸡"的俗语，可见此时龙眼的滋补功效和鲜美。而北方的白露时节，核桃是主角。将核桃树轻轻一摇，青皮核桃便从树梢坠落，剥了皮和壳，收拾出一碗雪白的鲜核桃仁，加些牛奶和糖，用便携榨汁机榨汁，直接获得一壶新鲜的核桃露，岂不美哉！

读什么

月夜忆舍弟

唐·杜甫

戍鼓断人行，边秋一雁声。

露从今夜白，月是故乡明。

有弟皆分散，无家问死生。

寄书长不达，况乃未休兵。

第 16 个节气：秋分

讲意

秋分同春分，昼夜等长，只不过自此开始，夜渐长于昼。秋分又是一个忙碌的农事节气。三秋大忙——秋收、秋耕和秋种。因为气温下降，雨水减少，已无法满足植物的生长需求，庄稼地里的农作物将被尽数收割。

讲候

初候（自然气象候）：雷始收声。善于观察的古人发现，到了秋分时节，雷声就小了。那时的人们认为雷声是因为阳气过盛而响，秋分后，寒气袭来，也就不再打雷了。

二候（动物候）：蛰虫坯户。坯，通"培"，此处做动词。为了安全越冬，冬眠的动物们开始用细土搭建巢穴，加固防寒。

三候（自然气象候）：水始涸。白日的气温还未骤降，但降雨量已明显递减，天干物燥的气候使得湖泊河流趋于干涸了。

·········· 和宝贝这样讲 ··········

终于到了风朗气爽的秋季。这时的大自然是色彩斑斓的，田间更是五谷丰登。金灿灿、黄澄澄、红彤彤的农作物尽收囊中。嚣张的雷声隐没了，蛰虫们躲进巢穴，就连溪流都隐遁入土，秋似乎都在诠释一个字"藏"。忙碌完农事的我们，也该收敛神气，安定平静地赏秋月了。

出发吧

看什么

秋分前后迎中秋。农历八月十五是我国的传统节日——中秋节，也是我们中国人最为看重的一次月圆夜。中秋节始于唐朝初年，盛行于宋朝，至明清时，已成为与春节齐名的中国传统节日之一。

这一天和月亮一样完整祥和的，就是阖家的团圆。我们去观中秋灯会，去赏月，去听嫦娥奔月的故事。还有一个必须赶赴的胜景——钱塘江大潮。苏轼有诗云："八月十八潮，壮观天下无。"做一盏兔子灯当作营帐灯吧，一定很应景！

吃什么

中秋节月饼。这道传统的节日风味，如今已衍生出各种内馅，中规中矩的五仁，人见人爱的蛋黄莲蓉，还有别具风格的云腿以及新贵流心月饼，你还有哪款没尝过？

除了月饼，在这个多"食"的季节，应季的"水八仙"一定要吃到。比如，池塘的新藕，苏州的水红菱，山林的板栗，荷塘的莲子，这些秋天的美味值得你策划无数场主题露营啦！

读什么

晚晴

唐·杜甫

返照斜初彻，浮云薄未归。

江虹明远饮，峡雨落馀飞。

凫雁终高去，熊罴觉自肥。

秋分客尚在，竹露夕微微。

第 17 个节气：寒露

讲意

寒露，又一个和"露"有关的节气。此时的"露"已不是水汽似的白雾，而是快要凝结为霜了，更具寒意，因此得名"寒露"。

讲候

初候（动物候）：鸿雁来宾。自白露起，迁徙的鸿雁就已陆续到达，直至寒露时节，晚到的候鸟被当作"宾客"接待。

二候（动物候）：雀入大水为蛤。已至天寒的深秋，鸟雀稀少，海边却冒出了与其有着相同条纹的蛤蜊。可爱的古人以为是"飞物化为潜物"，错把蛰伏的鸟雀认成了蛤蜊。

三候（植物候）：菊有黄华。华通"花"。百花凋零后，金黄的菊花却盛开了。

和宝贝这样讲

疏雨潇潇间，转眼已到风萧露重时。虽已南北俱秋，只不过越冬迁徙的候鸟将北方衬托得越发萧瑟。还好此时南有丹桂飘香，北现菊散丛金。纵然百花凋零，更显菊花的风骨和桂花的澄澈。在深秋，枯萎的是树叶，枝干却依然挺立，似乎已开始筹备下一轮回的枝繁叶茂。

出发吧

看什么

连续的低温催红了枫林，我们来一场山间的徒步露营吧！以湛蓝的天空作背景，唾手可得的白云作陪衬，看漫山遍野的火树，燃烧了深秋最后的激情。耐不住深水区寒冷的鱼儿游向了浅湾，"秋钓边"的乐趣也就在此时！

紧跟寒露而来的还有一个特殊节日——重阳节。和中秋一样，一个饱含

"团聚思情"的节日，不同的是重阳主要围绕敬老的寓意。重阳节最适合来一次全家的徒步露营，我们登高望远，赏菊插茱萸，摘下最鲜的菊花，在山顶做一锅菊花火锅。

如果你的城市森林也能找到一家有石炉的营地，那一定要去试试！用不一样的食材、不一样的心情、不一样的篝火和厨具、不一样的期待，做一顿"不同凡响"的晚餐，我们管它叫作"不一定餐厅"。

吃什么

秋燥时节，最容易喉咙不适。不妨将秋梨做成秋梨膏，把金桔酿成蜜酱，冲泡后随身携带。菊花，绝对是秋膳的点睛之笔。你一定想不到菊花可以做火锅，甚至和重庆火锅、海鲜打边炉、山东肥牛小火锅以及老北京羊肉涮锅，并称"中国五大火锅"。陶渊明和慈禧都曾对它的美味赞不绝口。

读什么

九月九日忆山东兄弟

唐·王维

独在异乡为异客，

每逢佳节倍思亲。

遥知兄弟登高处，

遍插茱萸少一人。

第 18 个节气：霜降

讲意

《月令七十二候集解》记载："气肃而凝，露结为霜。"霜降，天气冷到将露水变为了霜。此时已是"一夜霜寒木叶秋"的气候，一夜寒过一夜。晨起再也找不到露水，取而代之的是霜，残余的枝叶上像是蒙了白纱。

讲候

初候（动物候）：豺乃祭兽。处暑时有"鹰乃祭鸟"，此时，后知后觉的豺狼们刚感受到紧迫的寒意，也开始为越冬忙碌捕猎了。它们像老鹰一样，将捕到的猎物摆在地上，像是祭祀。

二候（植物候）：草木黄落。对温度最为敏感的就是植物了。无论是花草还是树木，此时都已经枯萎、凋落。

三候（动物候）：蛰虫咸俯。蛰虫们都已经进到自己的洞穴，不吃不喝，进入蛰伏冬眠状态。咸，指皆、都；俯，指垂下头，形容蜷缩着保温的蛰伏姿势。

·········· 和宝贝这样讲 ··········

"风卷清云尽，空天万里霜。"花落叶枯碧色消，这就是霜降，是秋天落幕的节气。在经历过温柔的春风，热烈的蝉鸣，纷纷落下的秋叶，大自然在秋光中渐暮，万物清冷。此时，在外活动的动物越来越少了，不知道迟知的豺狼还能否捕够食物来过冬。早就搭建好巢穴的蛰虫们，现在可以安稳地准备睡去了。

出发吧

看什么

霜降的风俗活动很丰富，其中赏菊、登高、打柿子都适合搭配露营活动。我们分享两个小众的活动。

寻找木芙蓉。你知道花界的"变色龙"吗？拒霜花——木芙蓉，因其一日三变，早晨是白色，中午变为粉红，午后到日落则为深红色，有着"三醉芙蓉"的美称。

制作霜花。和孩子搞一场试验，用透明的饮料罐去尝试制作霜花，让孩子理解"霜"的形成原理与温度的关系。

吃什么

除了赏菊和登高，这个时节另一个重要的风俗就是——进补。有些地方有"吃三样"的说法：吃柿子、吃鸭子、吃牛肉。

"立秋核桃白露梨，寒露柿子红了皮。"北方霜打过的柿子，红彤彤的薄皮下裹着厚厚的果肉。北京市房山区盛产柿子，霜降后，有漫山遍野的野柿子，带上长杆，去打一筐。挑一个捏着软软的，咬开一个小口，轻轻吸吮，汁水便在口中爆开，尽情享受这份甘甜。剥开皮，就可以看到里面略有些嚼劲的厚实果肉。再选些硬实的，削皮晾晒，挤压成饼暴晒，上霜后就成了柿饼，这一口味道是每一个北方人秋冬里甜蜜的记忆。

读什么

南乡子·霜降水痕收

宋·苏轼

霜降水痕收，浅碧鳞鳞露远洲。

酒力渐消风力软，飕飕。

破帽多情却恋头。

佳节若为酬？但把清樽断送秋。

万事到头都是梦，休休。

明日黄花蝶也愁。

第 19 个节气：立冬

讲意

立冬，四时八节之一的重要节气，拉开了冬季的序幕。万物进入休养收藏的时期。气候由秋季的干燥少雨转为阴冷湿雨，南北方的温差逐渐拉大，尽管北方已抬脚向冬，南方却还在感受深秋的萧瑟。

讲候

初候（自然气象候）：水始冰。南方的天气刚开始有深秋的萧瑟，北方的水面却已经结起了薄冰。

二候（自然气象候）：地始冻。酷夏的余热在秋季散尽，大地没有了足够的热量来源，开始凝结寒气。

三候（动物候）：雉入大水为蜃。雉，指野鸡一类的禽类。蜃，指海里的大蛤。立冬后，怕冷的野鸡等禽类的踪迹就不多见了，但在海边却开始出现大量的大蛤。它们外壳颜色和野鸡花纹很像，古人就以为大蛤是野鸡变化的。你猜到怕冷的禽类去哪里了吗？

·········· 和宝贝这样讲 ··········

　　万物归藏的时节到来了，经历了萌新、张扬、收敛后的自然万物，都开始进入休眠的状态，这就是大自然循环的奇妙。立冬代表着寒气初升，趋于平和，仿佛世界都要静止了一样，收晒完毕的大自然准备贮藏美好的时段。大地残留的暑气消散殆尽，升起的变为寒气，尽管秋风依然固守，我国北方却已被寒流推向"凄凉"之意，顺带着也刮向了南境。

出发吧

看什么

　　制作植物观察笔记。已到立冬时节，去找找大自然的常青树都有哪些。或者在你的营地周边去收集不同形状、不同颜色的落叶吧。你还记得它们在夏天的样子吗？选择一棵树，做它的守护官！认识你守护的树的种类，观察它的树皮、叶子，还有根茎，记录它在每个季节的形态，为它做一本成长手册吧！

吃什么

　　补冬。北方人对饺子的喜爱表现在：大多数节日美食的"C 位"都留给了饺子。今日立冬，我们换一个更有冬日氛围的美食——鸡汤锅。万物收藏的季节，更适合温补的食材。在营地支起大锅，炖一锅四物鸡汤，加入当归、川芎、白芍和枸杞，简单的生抽做蘸料，感受下手撕鸡肉和热汤带来的鲜美幸福感！

读什么

立冬即事二首（其一）

元·仇远

细雨生寒未有霜，

庭前木叶半青黄。

小春此去无多日，

何处梅花一绽香。

第 20 个节气：小雪

讲意

小雪节气不一定会下雪，这个节气反映的是气温开始向更"低温"变化的趋势。小雪节气后，西北风从地球的更北方带来了寒流，寒流成了我国绝大部分地区的常客。我国的北方也开始逐渐降到 0℃ 以下。如果正好下雪了，雪量也并不会很大，因为气温还不够低，凝结的雪是半冻状态，气象上称为"湿雪"，节气上就叫作"小雪"！

讲候

一候（自然气象候）：虹藏不见。气温变低了，日照减弱了，降雨减少后不再形成水汽了，所以也就见不到彩虹了。

二候（自然气象候）：天气升地气降。这是古人对"气"的一种理解。天气，是指阳气，偏暖；地气，是指阴气，偏寒凉。小雪时，阳气开始上升，阴气下降，导致阴阳不再交汇，天地间的气不再流通。

三候（自然气象候）：闭塞成冬。此时，自然中的万物有的萧瑟凋零，有的蛰伏冬眠，天地间都"藏"入冬天了！

·········· 和宝贝这样讲 ··············

小雪到，冬始俏。带着"雪"的节气，像是跟秋的最后一别。微寒的孟冬中，提醒我们别忘奔赴一场雪覆山河的邀约。七彩的霓虹随着冬藏的珠雨不见了，但浅冬中的红枫还未落尽，金黄的银杏藏在了每一个诗人的笔下。大自然给万物施了沉睡魔咒，让它们归于沉寂，在万籁俱寂的长夜里休养生息，等待厚积薄发的新生。

出发吧

看什么

栽种在街区的大树，有市政的叔叔阿姨们照顾它们过冬，野外的植物该怎么办呢？又长高的你，不如把穿小的衣服送给野外的大树吧！让它们也能穿上新衣越冬，降低冻伤的风险。再把散落的落叶、枯枝拾掇起来，给大树木堆肥，让它们在寒冷的冬天也能保证营养，等待春天和你一起长高！

吃什么

慢煮露营。汪曾祺的《慢煮生活》写道："把生活慢下来，煮一煮，方出真实的滋味。"我们选择露营就是为了在繁忙的生活中偷得半日清闲。万物归藏的季节，我们也停下忙碌了一年的脚步，在营地煮上大锅菜吧！选些应季的蔬菜，比如清甜的大白菜，脆爽的萝卜，软糯的土豆，鲜美的海带，再和排骨、腊羊肉慢慢炖煮，少许调味儿就够了。相信你家的大锅菜一定也是独一无二的味道。营地中袅袅升起的炊烟最能俘获人间。

读什么

早冬

唐·白居易

十月江南天气好，可怜冬景似春华。

霜轻未杀萋萋草，日暖初干漠漠沙。

老柘叶黄如嫩树，寒樱枝白是狂花。

此时却羡闲人醉，五马无由入酒家。

第21个节气：大雪

🌀 讲意 🌀

"雪至此而盛也。"到了仲冬时节了，和小雪一样，大雪节气也会反映气温和降水的变化趋势。比小雪时的气温更低，降水量增多，低温和丰富的降水，终于可以来一场真正的鹅毛冬雪了。俗语称"小雪封地，大雪封河"，大雪以后，北方的河流逐渐上冻。

🌀 讲候 🌀

一候（动物候）：鹖鴠不鸣。寒冷的天气，使得寒号鸟也不再鸣叫了。

二候（动物候）：虎始交。虽然万物蛰伏，却是老虎的求偶好时节，老虎们准备繁衍下一代森林之王了！

三候（植物候）：荔挺出。荔挺，是一种兰草，在静寂的大雪时节抽出了新芽。

○ TIPS：你知道寒号鸟吗？寒号鸟也称寒号虫，其实它不是鸟类，是一种栖息在森林里的鼯鼠类动物，因为酷似身披斗篷，可以短距离飞翔，让古人误以为是一种鸟类。

·············· 和宝贝这样讲 ··············

此时，树木不止于"萧瑟"，已变成"凋敝"。北方的溪流被施了定身术，也和万物归于静息而眠。万籁俱寂是形容冬季的，但自然界也不乏傲霜斗雪的动植物。忙碌管理一方的森林之王老虎，也终于腾出时间来扩大一下家族，延续血脉。荔挺，这丛小兰草悄无声息地迎寒而生了。

出发吧

看什么

北方溜冰。东北的河流在大雪时已经可以形成一定厚度的冰冻层了，穿上冰鞋或是坐上小冰车就可以尽情滑冰嬉戏了。你玩过"打出溜儿"吗？体验过冰上露营吗？朝鲜族的冰上活动不妨一试！上冰一定要注意安全，那些你以为的"厚冰层",也可能是障眼法!千万不要滑野冰!

南方观鸟。虽然大雪时节的北方已是百鸟绝迹,但南方正是观候鸟的好时候。从北方迁徙而来的小家伙们,带来了什么行李吗?又在哪里安了新家?带上你的望远镜,去探访下它们的新家吧!可不要惊吓到这些远道而来的"客人"。

吃什么

我们人类也需要进补越冬,在大雪纷飞的营地,来一场火锅吧!把矿泉水和羊肉提前埋进雪地这个天然大冰箱,简单的葱姜作锅底调料,一定要涮白萝卜!大雪节气时的白萝卜最为清甜味美。

温补的羊肉和冰冷甘甜的锅底,帐外的冰天雪地,一家几口在帐内的氤氲温馨,一定是一场难忘的冬季露营体验!

读什么

大雪

宋·陆游

大雪江南见未曾，今年方始是严凝。

巧穿帘罅如相觅，重压林梢欲不胜。

毡幄掷卢忘夜睡，金羁立马怯晨兴。

此生自笑功名晚，空想黄河彻底冰。

第 22 个节气：冬至

讲意

四时八节之一，又一个承载了丰富的传统风俗的重要时节。和夏至相反，冬至时北半球经历最长的一个黑夜，白昼最短。这天以后，白天会慢慢变长。"冬至"在气候上标志着冬天真正到来，全国各地都将进入最寒冷的阶段，也是老话里总提的"数九寒天"的阶段。

讲候

一候（动物候）：蚯蚓结。冬至过，白昼开始变长，但蚯蚓还在蜷缩冬眠，盘旋相交像绳结一样。

二候（动物候）：麋角解。解，指脱落。冬至后，白昼的延长象征着阳气的上升，麋鹿的旧角就脱落了。

三候（自然气象候）：水泉动。深埋于地下的泉水开始上涌，不再是干涸停滞的状态，开始流动，有了生机。

·········· **和宝贝这样讲** ··········

至此，挽留不下清晨的霜色了，再开窗，软绵的秋风止在了昨晚，风不再"飒爽"，变为"料峭"。各地的晨间都失了五色，变为灰蒙蒙的色调，大自然的画布上都是凛冽的色彩。若是行走在山谷中，你就能感受到远山此时的"静穆"，万物的"蛰伏"，时光的"冷漠"，这就是冬天的脚步，带着威严。但在这份寒意下，延长的白昼里却已暗藏着萌动的生机。

出发吧

看什么

冬至的三候特征，充分体现了古人对自然万物的见微知著。古时有"冬至大过年"的说法，是古人特别看重的节日。而现在的冬季对于孩子来说，成为梦想中的探险家——限定的冰河探险一定是最吸引人的！（请一定在专业人士陪同下开展活动哦。）

冰雪探险技术是探险中最为重要的，冰冻的深山峡谷、晶莹透亮的河面不仅带来极致的视觉盛宴，更给予你一次激发自身潜能，挑战自我的好机会！

这是勇敢者的游戏：高耸的冰瀑，每一步的攀登，都是勇敢者的探险；

这是挑战者的征途：面对困难，挑战自我，突破潜能；

这是最强者的奖章：攀登的艰辛，在成功登顶的那一刻，是最强者的奖章。

吃什么

"冬至不端饺子碗，冻掉耳朵没人管。"早年间，辛苦劳动了一年的人们，在立冬这天会用薄皮大馅的饺子犒劳自己，各种秋天丰收的食材制作成满满的馅料，新磨的面粉麦香十足。"扑通扑通"地下入饺子，"补冬补冬啦！"这个蕴含着美好寓意的习俗一直流传到了今天。你一定还没有在营地体验过"集体包饺子"吧？快行动起来吧！

读什么

冬至

宋·陆游

岁月难禁节物催，天涯回首意悲哀。

十年人向三巴老，一夜阳从九地来。

上马出门愁敛版，还家留客强传杯。

探春漫道江梅早，盘里酥花也斗开。

第 23 个节气：小寒

 讲意

"寒"字下面两点，是水化冰的象形。小寒的"小"字并不是单一地表达寒冷的程度，它是相较于大寒的"极致"比较而得。人们的经验发现，季冬时节往往是一年中最低温的阶段。俗语说"冷在三九"，这个"三九"就在小寒节气中，小寒代表着步入一年最冷的时段。

○ TIPS：那你一定会问："那大寒不应该更冷吗？"这是因为古人认为"大"字有到达"极致"马上要发生转折的内涵。大寒的到来是指寒冷已经到了极点，大地即将回暖，气候发生转折。

讲候

一候（动物候）：雁北乡。乡，有去向的意思，也作"向"。尽管迎来了最冷的时段，但敏感的大雁已经感知到北方即将到来的暖意，准备向北迁移了。

二候（动物候）：鹊始巢。同样是鸟类的喜鹊，也开始筹备筑巢，等待温度回暖繁衍后代。

三候（动物候）：雉始鸲。雉，指野鸡等禽类。鸲，是指求偶时的鸣叫声。雉鸲也开始鸣叫，在即将到来的暖春觅得佳偶。

○ TIPS:"禽鸟得气之先",禽类在感知气候,尤其气流带来的季节变化上,有着别的物种难以比拟的天赋,在二十四节气中,白露和小寒的三候就是完全用鸟类作为物候特征的。

·············· 和宝贝这样讲 ··············

小寒,是个寒冷但万物心怀暖意的时节。料峭的寒意掠过了南北大地,南方的大雁却嗅到了北方的惊蛰之暖。落雪的枝头已有了忙碌的喜鹊,忙着搭窝安置新生命。静寂的冬日里隐约传来悦耳轻快的暗语,是谁在歌唱爱情,赶在春天前找寻到浪漫。我们心中有火,不惧小寒。

出发吧

看什么

踏雪寻梅去!小寒前,梅花开。梅花,是"岁寒三友"之一,"四君子"之首,还与竹、松、水仙、灵芝合称"五清"。世人对梅花的喜爱不胜枚举,它有"敢向霜雪怒放之,一树独为天下先"的傲骨,有"暗香浮动月黄昏"的清韵,不少名人雅士都自居效仿它的风骨。借一场冰雪露营,寻一枝冬梅吧!

吃什么

北方小寒会喝腊八粥,但腊八粥熬煮耗时,在露营地烹饪有难度,那我们就换广东的小寒饭——糯米饭!将腊肠或者腊肉等腊味食材炒香,配上焖好的糯米饭，操作方法参照煲仔饭！一份操作简单却喷香软糯的小寒饭就做好了！配上一壶热红茶，围炉畅聊吧！

读什么

咏廿四气诗·小寒十二月节

唐·元稹

小寒连大吕，欢鹊垒新巢。

拾食寻河曲，衔紫绕树梢。

霜鹰近北首，雏雉隐丛茅。

莫怪严凝切，春冬正月交。

第 24 个节气：大寒

讲意

　　大寒是二十四节气中的最后一个。此时寒气达到极限，无论南北方，都到了一年中最冷的极限。所谓物极必反，再后面的日子，就是渐回暖的春季了。大，有终结的意思，暗喻转折点，故得名"大寒"。大风、低温、少雨促成了天寒地冻的自然气象。大寒一到，年味渐浓。

讲候

一候（动物候）：鸡始乳。尽管天气寒冷，但也无法阻挡新的生命诞生。大寒节气来临，也是小鸡孵化的时机。

二候（动物候）：征鸟厉疾。征鸟，指鹰隼等禽类。鹰隼们盘旋疾驰于空中，到处寻找猎物用以果腹越冬。

三候（自然气象候）：水泽腹坚。大寒时，气温很低，江河湖泊的冰层最坚硬，达到最厚。但物极必反，其实坚冰深处春水生，已经慢慢有阳气生成。

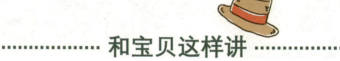

和宝贝这样讲

"花木管时令，鸟鸣报农时"，大自然的每一位成员都会按照季节轮回活动。而它们规律性的行动，被古人视为划分节气的重要标志，这就是我们每一个节气的三候来源。

大寒后，马上就要迎来季节的转折，动植物们也提前感受到了春天的召唤。母鸡妈妈们开始孕育新生命，盘旋的雄鹰们为越冬做着最后的冲刺，养足体力迎接春天。还在冰场快乐嬉冰的我们，丝毫没有察觉坚冰深处的小生灵们即将苏醒……

出发吧

看什么

我们一起办场露营庙会吧！叫上你天南海北的朋友们，办一场南北方大串烧的庙会！（南方又称"做牙祭"。）北方的朋友摇元宵、炸灌肠，南方的朋友包汤圆、做灶糖，我们一起舞个中国龙！中国年怎么少得了红火的窗花！我们把窗花做成营旗吧，帐前的小彩旗也做成窗花的样子，给我们冬季的露营加点中国味儿！

吃什么

大寒迎年。大寒后就是我们中国人最隆重的节日——春节了！所以，大寒的习俗也是相当丰富，常见的有迎灶神、食糯、赶年集、除尘、糊窗、沐浴迎新等。在营地可做的节庆美食太多了！我们选做一道大吉大利八宝饭吧！提前蒸好浸泡一晚的糯米，一层糯米，一层豆沙，再撒些果干、红枣、花生、栗子、莲子等，冷藏好带到营地，减少在营地焖蒸的时间。露营时，只需要复热下就好了！

读什么

大寒出江陵西门

宋·陆游

平明羸马出西门，淡日寒云久吐吞。

醉面冲风惊易醒，重裘藏手取微温。

纷纷狐兔投深莽，点点牛羊散远村。

不为山川多感慨，岁穷游子自消魂。

延伸阅读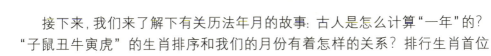

古老的时间轴

接下来,我们来了解下有关历法年月的故事:古人是怎么计算"一年"的?"子鼠丑牛寅虎"的生肖排序和我们的月份有着怎样的关系?排行生肖首位的"子鼠"对应的"子月"是农历的开端吗?

公历

公历的前身属于阳历的一种,最早的阳历记录见于公元前。古埃及人根据尼罗河水的潮落和天狼星的位置变化进行推演。简单来说,阳历是以地球绕太阳运动作为根据的历法,以地球绕太阳一周为一年,所以又称"太阳历"。

后来,古埃及的这种历法被古罗马人继承,修改为"儒略历",再后来又有了"格里高历",经过历代聪慧科学家的努力,最终推演出了"400年97闰"的现代历法,是全球多数国家通用的一种历法。

阴历

阴历是我国传统的一种历法,阴历主要是按月球的月相周期变化来安排的历法,所以也称"月亮历"。阴历的第一个月称为寅月,以下依次为二月卯月、三月辰月、四月巳月、五月午月、六月未月、七月申月、八月酉月、九月戌月、十月亥月、十一月为子月,十二月为丑月。但由于月亮活动规律对开展农作工作的影响并不太大,而且月相和太阳的周期有所偏差,推演的四季和实际季候容易混乱,这成了阴历很大的缺点,无法及时指导农事活动,所以阴历通常只被沿海地区的人们用于推测海潮涨落。

农历

在中国,老一辈嘴里最爱讲的还是农历,它的概念是最容易混淆的,很多人简单地将阴历称作农历,这是一种错误的理解。广义来讲,我国古代的各种传统历法都属于农历的范畴,而现在所说的农历其实属于阴阳历,以阴历为主,阳历为辅。

提到农历就不得不先了解下"夏历"。中国古代历法有"三正"之说,"三正"源于春秋战国时代不同朝代的历法规则不尽相同，选取每年的第一个月为正月的定序是有所不同的。

最早的历法相传诞生于夏朝，以夏历一月为岁首，即"夏正建寅"，意思就是选取寅月为每年的第一个月，也称"殷鉴孟春月"，一年周期被称为"斗柄回寅"。而到了殷商的时候又改选丑月为岁首，即夏历的十二月，称为"殷正建丑"。到周朝后，岁首变改为子月，即夏历的十一月，所谓"周正建子"，这就是夏商周三代轮流更改正朔。后经各朝修改，依次为夏历、殷历、周历、黄帝历、颛顼历等，汉武帝时期改用太初历，又重新恢复了夏历。

那么"农历"就是"夏历"吗？这种说法也是不准确的。其实，因为"农历"这个词是 1970 年后改称，因其蕴藏的规律多用来指导农业生产，因而得名农历。它是我们劳动人民运用智慧，融合了阴历和阳历的优缺点而制定的。具体来讲，农历的月份是按照阴历的月相而来，满月为中，而农历年的周期计算则同样参考太阳历，即地球绕太阳一圈为一年。

月份

我们的祖先不仅聪慧还很浪漫。在划分时间时，他们通过观察自然万物的变化，看植物的色彩、动物的作息，留心每一类花朵绽放到衰败的周期，在不同的朝代时期、不同的地域，为 12 个月份都命名了贴合而富有诗意的别称。例如，农历六月是"荷叶罗裙一色裁，芙蓉向脸两边开"的"荷月"；《礼记·月令》"孟夏之月，麦秋至"的"麦月"，柳宗元的"梅实迎时雨，苍茫值晚春"的"梅月"指的都是农历四月；农历七月是秋季的首月，也作新秋，是"米谷豆子，秋收冬藏"的瓜月，因产于我国福建、广东、浙江等地的剑兰盛放于初秋，故七月又被称为兰秋；入冬前的季秋九月也称作"霜序"，暗示着寒冬将至，常说的"上冬时节"并不是冰天雪地的腊月，而是指孟冬十月……

诸如此类蕴藏美好生机的月份别称应有尽有，各类作物在不同地域有着不同的生长周期，各地的风俗习惯也不尽相同，下面列举了些有意思的月份别称，不妨和宝贝们一起猜猜它们得名的原因。

农历月份	月份别称
一月	寅月、孟春月、端月、三微月、睦月、正月、上春、始春、元春、新春、肇岁
二月	卯月、仲春、如月、梅（见）月、杏月、小草生月、四阳月、春中、酣春、大壮、竹秋、花朝
三月	辰月、季春、暮春、晚春、杪春、三春、蚕月、桐月、桃月、稻月、花飞月、桃浪、雩风、竹秋
四月	巳月、首夏、孟夏、槐月、荒月、农月、云月、麦月、槐夏、正阳月、麦候、六阳、梅溽
五月	午月、仲夏、超夏、暑月、鹑月、蒲月、榴月、毒月、橘月、端阳月、吹喜月、鸣蛙
六月	未月、季夏、暮夏、且月、荷月、杪夏、暑月、伏月、晚夏、极暑、组暑、林钟
七月	申月、孟秋、兰秋、兰月、巧月、瓜月、凉月、相月、文月、文披月、三阴月、初商、孟商
八月	酉月、仲秋、桂秋、获月、叶月、雁来月、四阴月、大清月、月见月、红染月、南吕、仲商、中律、橘春、竹小春
九月	戌月、季白（秋）、菊月、霜月、朽月、授衣月、残秋、凉秋、素秋、秋商、暮商、无射、霜序
十月	亥月、孟冬、露月、正阳月、吉月、坤月、神无月、时雨月、上冬、玄冬、玄英、大章、始冰、极阳
十一月	子月、仲冬、隆冬、寒月、畅月、复月、辜月、纸月、一阳月、龙潜月、黄钟、冰壮、亚岁
十二月	丑月、季冬、腊月、除月、严月、余月、二阳月、三冬月、梅初月、暮节、暮岁、殷正、冬素、残霜天

○ TIPS:

1. 我们的节气不是以公历划分的，是根据我国特有的阴历制定的，以寅月为春正，立春为岁首。每一年的首月叫寅月（一般对应公历的 2 月份左右），寅月的月首节令就是立春，而我们的阴历年就是从立春开始计算的，到下一年的立春为一个完整周期，类似于公历中的 1 月 1 日至 12 月 31 日。

2. 一年分春、夏、秋、冬四个季节，每三个月为一季（类似于公历的"季度"），古人将每季中的三个月依次称为孟月、仲月和季月。所以，排行夏季中间的五月被称为"仲夏"的原因，你猜到了吗？

3. 没有时钟的古人经常用北斗七星来定方向和季节。用勺状的北斗七星当作"时针"，当"斗柄"（勺子尾巴）朝东是春天，朝南是夏季，朝西是秋天，朝北是冬季。

二十四节气

那么二十四节气又是依据何种历法推演得出的呢？我们常说的"四时八节"或"时年八节"又指什么呢？

二十四节气不仅体现着天文气象变化的规律，更是将自然规律、劳作和风俗文化进行了巧妙的结合，是我国劳动人民的智慧结晶，更是中华民族传统文化的重要组成部分。

历史上，受气候、河流等生存条件影响，最早我们的祖先多集中活动于黄河流域的中原地区，二十四节气也起源于黄河流域。古人根据太阳在黄道上的位置变化（即地球绕太阳公转的轨道）和地面气候演变次序，将全年 12 个月划分为二十四段。这样来说，二十四节气"诞生"于阳历。

同时，为了更准确地表述时序特点，早在春秋时期，先贤们就定出了仲春、仲夏、仲秋和仲冬四个节气，就是我们现在的春夏秋冬四个季节，称为"四时"。"八节"则是战国后期成书的《吕氏春秋》"十二月纪"中的立春、春分、立夏、夏至、立秋、秋分、立冬、冬至等八个节气名称。

传统四季划分以"四立"作为起始，节气还有"分、至、启、闭"四组。"二分"即春分和秋分，"二至"即夏至和冬至。"启"是立春和立夏，是万物复苏的好时节，蕴含着伊始、萌新和成长；"闭"则是立秋和立冬，是收获以及休养生息的时机，正所谓"秋收冬藏，万物闭藏"。

后来，随着人们扩展了生活圈，积攒了更多的生活经验，依靠着更先进的工具，慢慢改进和完善了二十四节气。到了秦汉年间，二十四节气已完全确立，形成了较为完整的"农事指南"宝典。

每个月都由一个节令和一个中气组成，"节"指的是一年中的一个节段，可以理解为进入一个新的时间段；而"气"则指的是气候，反映着相应时间段的天气变化。每个月的月首为节令，代表一个农历月的开始，中气则位于月中。比如立春就为节令，是寅月的开始，雨水就是中气，现在把节令和中气统称为节气。

季节	春			夏			秋			冬		
夏历月	寅月	卯月	辰月	巳月	午月	未月	申月	酉月	戌月	亥月	子月	丑月
节（节气）	立春	惊蛰	清明	立夏	芒种	小暑	立秋	白露	寒露	立冬	大雪	小寒
公历	2月3-5日	3月5-7日	4月4-6日	5月4-6日	6月5-7日	7月6-8日	8月7-9日	9月7-9日	10月7-9日	11月7-8日	12月6-8日	1月5-7日
气（中气）	雨水	春分	谷雨	小满	夏至	大暑	处暑	秋分	霜降	小雪	冬至	大寒
公历	2月18-20日	3月20-22日	4月19-21日	5月20-21日	6月21-22日	7月22-24日	8月22-24日	9月22-24日	10月23-24日	11月22-23日	12月21-23日	1月20-21日

七十二候

我国是世界上研究物候学最早的国家，最早的物候专著是西汉初期的《夏小正》，记载了气候、物候、天象和重要农事活动等。每个节气都有着气候、物候、时候的不同变化，称为"三候"。每五天为"一候"，并与二十四节气对应，一年为七十二候。每一候出现的不同的现象叫"候应"。

七十二候大概分为非生物和生物两大类，非生物候包括东风解冻、虹始见、地始冻等气象活动表现；而生物候可以分为植物候和动物候，植物候反映着萍始生、桃始华等植物的生长过程变化；动物候表现出鸿雁来、田鼠化鴽、蝼蝈鸣等动物的作息状态。

○ TIPS：

二十四番花信：自小寒至谷雨，以梅花为首，楝花为终，共八气，共计二十四番花信。

> 小寒：一候梅花，二候山茶，三候水仙。
>
> 大寒：一候瑞香，二候兰花，三候山矾。
>
> 立春：一候迎春，二候樱桃，三候望春。
>
> 雨水：一候菜花，二候棠棣，三候李花。
>
> 惊蛰：一候桃花，二候杏花，三候蔷薇。
>
> 春分：一候海棠，二候梨花，三候木兰。
>
> 清明：一候桐花，二候麦花，三候柳花。
>
> 谷雨：一候牡丹，二候酴醾，三候楝花。

感谢您

GanXieNin

看过一句话：出发，比永远向往更有意义。

陪着孩子长大的这些年，总会有被鸡毛琐碎压抑的片刻，上有老下有小是步入中年的新课题，平衡家庭和工作是每个职场人不得不做的选择题。我也曾陷入过"鸡娃"时代的恐慌中，在每个假期前举棋不定。但侥幸于夫妻二人经常异地办公，每个假期最终的选择都是奔赴团圆，也从最初的匆匆游览景点的人生海海，演变成了"有备"而行在山川湖海。出行方式的转变一是因为孩子探索欲的暴增，二是自然给了我和我的家庭最好的治愈感。

感谢我的小孩，愿意作为伙伴同我出发。我送你一双隐形翅膀，你也教会了我林间的魔法，想与你分享我见过的最美的晚霞，拂过的最温柔的春风，想鼓励你去征服高山，去驾驭海浪，你说："哦，妈妈，我们征服不了什么，更没有输赢，那些种种是大自然给我们的'开放日'，而我们只是参与了它的日常。"

感谢每一个同行的孩子，令你敬畏的高山峻岭和奔流河川，使你躬身亲为的十月麦田和万里桐花，让你惊叹的休眠几十年的独角仙和树影制作的"文身"，也同样扩宽了我的生命旅程；你认为昂贵的是孕育生命的泥土，鄙夷受人追捧的黄金，你亲昵着雨后的清新，回避人造香精的乏味，你畅游在满野间，聊星辰和初秋，也让我羞于将格子间的琐碎启齿在这天地间。

感谢 mk 魔力自然营地，有大胡子叔叔带领孩子们认识那些闻所未闻的独特生物，夜间露营探访昆虫王国，教会我们怎样倾听和观察，成为一个真正的博物家。

感谢宽 camp 营地，不是公园，不是城市绿洲，更不是民宿酒店，原始又人文的设计风格，让我们体验到了生活和自然极致的结合。蜿蜒山谷和万亩山林有着蔓延四季的浪漫，营地中有孩子们爱的土窑，有大人爱的篝火，每个节气主题都让我们感受到社群和自然的融洽。

感谢食铁兽联合探险队，从洞穴到山巅，溪谷到冰川，不仅让孩子们探险梦依旧炽热，更教会我们自然生存的不易和彼此守护的重要。探洞，攀冰，飞拉达，冰河毅行——我们感受大自然的魅力，做一场勇敢者的游戏，踏上挑战者的征途。

感谢北京徒步者，在这个追求极致速度的时代，一群人不盲目赶路，愿意带上孩子坚持徒步而行，翻山只为与自然重逢，脚步撒野在泥土上，狂欢在落日余晖中，一路向前的勇气，来自追风逐梦的行动力。

感谢星空户外，仰望星空也在回望宇宙的过去，每一朵星云都让人充满无尽遐想，星辰神话的背后是人类对宇宙的热爱和敬畏，感谢你们教会孩子们看懂繁星的浪漫，每一次向山巅的进发，都在诠释目向星辰，脚踏实地的人生观。

在最后，感谢和我一样，为人父母的你们，为人子女的你们，愿意和他们一同出发。山川湖海不一定吸引所有人，但志同道合的人总在翻山越岭后，奔赴一场同样的繁茂生机。

哈蕾

2024 年 5 月 25 日于北京